COMPETITION FOR THE REORGANIZATION OF HISTORICAL SPACE 2019

歴史的空間再編コンペティション2019

第8回「学生のまち・金沢」設計グランプリ アーカイブ
The 8th "Student's City/Kanazawa" Design Grand Prix Archive

学生団体SNOU 編

本コンペは、
歴史的空間のストックを活かした新たな価値を創造するとともに、
多くの学生が集い、交流を深めて行く中で、
学生のまち・金沢の魅力を
全国に発信することを目的としています。

SNOU

委員長挨拶

　この度、第8回歴史的空間再編コンペティションアーカイブが発刊できますことを心より嬉しく思います。近年では歴史的空間再編をテーマとした卒業設計作品が数多く見られるようになってきました。そのような中で本コンペは、その先駆けとなってきたと考えております。そして今年も非常に魅力的な作品が全国から数多く集まり、とても有意義なコンペとなりました。

　本コンペティションを始めた当初から、大きな二つの目的を持っていました。一つは、全国の建築を学ぶ学生が金沢に集い、歴史的空間の再編について学び、考え、議論する場を生み出す事です。そしてもう一つは、全国に残る魅力的な歴史的空間と、学生による活用提案を合わせて整理した形でアーカイビングし、蓄積していく事です。このアーカイブの出版は、その意味で非常に重要な意味を持っています。全国各地に残された、あるいは隠れた歴史的空間の新たな価値を見出し、それに関する議論の経過を記録として残していく事は、今後全国の学生が課題や卒業設計などを行う際の貴重な資料にもなります。本年度行われた記念講演やファイナル審査での熱い議論も余すところなく掲載しています。このような詳細な議論の内容などは、その歴史的空間の価値や作品提案をより深く理解する上で大きな助けとなるでしょう。

　これまで、学生団体SNOUの皆さんの努力によりアーカイブを編集、発刊しておりましたが、特別協賛の総合資格学院様のご協力により、本年度より装いも新たにさらに充実したアーカイブとなりました。その中には歴史的空間再編マップもあり、これまで本コンペで対象とされた歴史的空間も一目でわかるようになっております。このような蓄積が書籍化され、建築を志す若い世代の人たちへのメッセージとなり、より多くの歴史的空間再編のアイデアが集まることを期待しております。

　最後になりましたが、文字起こしから編集まで膨大な作業を行って下さった学生団体SNOUの皆さん、執筆にご協力いただいた審査員の皆様に感謝するとともに、金沢市をはじめとするご協賛いただいた団体、企業様にこの場をお借りして深く御礼申し上げます。

歴史的空間再編学生コンペ実行委員会 委員長
金沢工業大学 准教授

宮下 智裕

学生団体SNOU代表挨拶

　歴史的空間再編コンペティション〜「学生のまち・金沢」設計グランプリ〜は、第8回を迎えました。"金沢の歴コン"として根付いてきたことで、全国から洗練された作品の出展が増え、今年度も白熱した大会となりました。

　今年度はSNOU企画として、"谷口建築の軌跡を巡る"をテーマに、「建築ツアー」を実施しました。歴史的建造物や近代建築が多く残る金沢において、設計を通して、まちに新たな価値を付加してきた谷口吉郎氏・吉生氏の功績に触れながら、金沢と谷口建築を訪れました。また、"建築・都市・テリトーリオ それぞれにおける歴史的空間の再編"をテーマに展開された「記念講演&トークセッション」は、"歴史的空間の再編"に直結する貴重な意見交流の場となりました。さらに8年目を迎えた新たな試みとして「SNOU推薦枠」を設けました。本コンペの運営を行ってきた立場として学生の視点から作品の評価を行うものです。これまで運営に従事してきた私たちにとっては作品への理解が深まるとともに、改めてコンペのテーマ・意義について考える機会となりました。今年度はプレゼン部門・模型部門・パース部門のSNOU賞3部門並びにSNOU推薦枠を選出し、受賞者へ記念品として金沢の作家による作品を贈呈させていただきました。全国の学生の皆様が石川の伝統工芸の良さを知り、石川の芸術・文化が広まるきっかけとなることを期待しています。

　最後になりましたが、本コンペの開催にあたり、ご協力、ご協賛いただいた関係各位に深く感謝申し上げます。歴史的空間再編コンペティションがより良い議論の場、交流の場となるべく、一層の努力を続けて参ります。今後ともご支援を賜りますようよろしくお願いいたします。

2019年度 学生団体SNOU代表
金沢工業大学

丸山 大樹

SNOU

目　次

Rekicom.

開 催 理 念

金沢市は学術文化都市として発展してきました。学生がまちなかに集い、
市民と交流する姿は、「学生のまち・金沢」のにぎわいと活力の象徴となっています。
学都金沢としての伝統と誇りを継承発展させるために、平成22年に全国に先駆けて、
「金沢市における学生のまちの推進に関する条例」を制定し、
「学生のまち・金沢」を全国に発信しています。

金沢のまちは、時代の重層した歴史的空間をその都市構造とともによく残しています。
その個性的な空間を舞台に、固有の文化・芸術が育まれてきました。
歴史的なまちなみと人々の暮らしや文化が積極的にまちづくりに生かされています。

本コンペティションは、「学生のまち・金沢」「歴史都市・金沢」に全国の学生が集い、
歴史的な空間との対話を通して、学び合い競い合うことで、
新しい価値が生まれる学びの場をつくろうとするものです。

[テーマ] # 歴史的空間の再編
※金沢だけにとどまらず全国を対象とします

[キーワード] 「歴史文化遺産(建築、まちなみ、景観)」、「無形文化遺産(祭り、芸能、人)」、
「近代産業遺産」、「農業遺産(里山、里海)」、「ものづくり」、「民芸・工芸」、
「エコロジー」、「サステナビリティ」、「リージョナリズム」、「リノベーション」、
「コンバージョン」、「ノスタルジー」、「系譜学」など

[主　催] 歴史的空間再編学生コンペ実行委員会／金沢市

[日　時] 一次審査:2019年10月15日(火)
本　審　査:2019年11月23日(土・祝)・24日(日)

[会　場] 金沢学生のまち市民交流館

[賞　金] **グランプリ** ………… **30万円**
準グランプリ ………… **15万円**
第3位 ………………… **5万円**

大会プログラム

Day 1　11月23日（土・祝）

10:30〜12:00 ▶	13:45〜16:10 ▶	19:00〜 ▶

建築ツアー

[場所]
谷口吉郎・吉生記念金沢建築館

― 谷口建築の軌跡を巡る ―
歴史的建造物や近代建築が多く残る
金沢で、まちに新たな価値を付加してき
た谷口吉郎・吉生氏の功績に触れな
がら、金沢と谷口建築を訪ねる。

二次審査

[場所]
金沢学生のまち市民交流館
学生の家

作品一つひとつを審査員が巡回しポイ
ントを与える公開審査。Day2のファイ
ナルプレゼンテーションに進出する10
作品と11位から20位までの順位が決
まる。

宿　泊

[場所]
まちやゲストハウス

昔の町家を改修したゲストハウスに宿
泊するSNOU企画。

審査方式

一次審査
審査員6名

熊澤栄二・小津誠一・戸田 穣
村梶招子・林野紀子・吉村寿博

[■ 1点票 × 20作品]

／人

40作品 決定

▶▶▶

二次審査
審査員6名

平田晃久・中島直人・樋渡 彩
塚本由晴・宮下智裕・松田 達

[◤ 3点票 × 5作品]
[■ 1点票 × 10作品]

／人

11位 〜 20位 決定

▶▶

Day2　11月24日（日）

▶ 10:00〜12:15	▶ 13:15〜18:15	▶ 18:45〜20:15

記念講演 & トークセッション

［場所］
金沢学生のまち市民交流館
交流ホール

「建築・都市・テリトーリオ それぞれにおける歴史的空間の再編」をテーマに、講演者に平田晃久氏、中島直人氏、樋渡彩氏、モデレーターに松田達氏を迎え議論する。

ファイナル プレゼンテーション

［場所］
金沢学生のまち市民交流館
交流ホール

上位10作品及びSNOU推薦枠の出展者によるプレゼンテーションと最終審査。その後、審査結果を発表し表彰式を行う。

交 流 会

［場所］
金沢学生のまち市民交流館
交流ホール

審査員や他の出展者、観覧者と自由に意見を交わすことのできる交流の場。

ファイナルプレゼンテーション & ディスカッション

審査員6名

平田晃久・中島直人・樋渡 彩
塚本由晴・宮下智裕・松田 達

プレゼンテーション(2分30秒)
+
質疑応答(7分)　×11名

［📚5点票×2］［📚4点票×2］
［📚3点票×2］［📚2点票×2］
［📚1点票×2］　　　／人
+
ディスカッション

1位 〜 10位 決定
(11位は同率10位となる)

歴コンアーカイブ展

［日時］11月11日（月）〜 11月24日（日）
［場所］金沢駅地下広場ライトコート
［主催］歴史的空間再編学生コンペ実行委員会
　　　／金沢市

過去の上位作品を紹介するパネルを展示。昨年のファイナリストたちの作品を通じて、「歴史的空間の再編」をたどる。併せて、学生団体SNOUが学生の視点から作品を評価する「SNOU賞」の受賞作品も展示している。

平田 晃久

京都大学 教授
平田晃久建築設計事務所

© Luca Gabino

Akihisa Hirata

1971年大阪府に生まれる。1997年京都大学大学院工学研究科修了。伊東豊雄建築設計事務所勤務の後、2005年平田晃久建築設計事務所を設立。現在、京都大学教授。バウハウス（ドイツ）、ハーバード大学（アメリカ合衆国）、Architecture Foundation（イギリス）等で講演。そのほか、東京、ロンドン、ベルギー等で個展、MoMAにて"Japanese Constellation" 展（2016）を合同で開催。ミラノサローネ、アートバーゼル等にも多数出展している。

* * * * *

主な作品

「桝屋本店」（2006）、「sarugaku」（2008）、「Bloomberg Pavilion」（2011）、「kotoriku」（2014）、「太田市美術館・図書館」「Tree-ness House」（2017）、「9h Projects」（2018–2020）、他

受賞歴

第19回JIA新人賞（2008）、第13回ベネチアビエンナーレ国際建築展金獅子賞（2012 伊東豊雄・畠山直哉・他2名との共働受賞）、LANXESS カラーコンクリートアワード（2015）、村野藤吾賞（2018）、BCS賞（2018）、他

主な著書

『Discovering New』（TOTO出版）、『JA108 Akihisa HIRATA 平田晃久2017→2003』（新建築社）、他

審査員

紹介

二次審査・ファイナルプレゼンテーションでは、建築家と都市計画の専門家から成る審査員6名が、多角的な視点から作品を講評する。

中島 直人

東京大学 准教授

N a o t o N a k a j i m a

1976年東京都生まれ。
東京大学工学部都市工学科卒、同大学院修士課程修了。博士(工学)。
東京大学大学院助手・助教、イェール大学客員研究員、慶應義塾大学専任講師・准教授を経て、2015年より現職。専門は都市計画(都市デザイン、都市論、都市計画史)。主な受賞に、東京市政調査会藤田賞(2009)、日本都市計画学会論文賞(2019)。

* * * * *

主な都市計画プロジェクト

「高島平プロムナード基本構想」板橋区(2018)

「第二次上野スクエア構想」東京文化資源会議(2018)

「よこまちポスト(富士吉田市上吉田)」(2019)

「TOKYO BAY AREA TOWARDS 2040
　11colors:未来創造域のデザイン」東京都(2019)

主な展覧会

「アーバニズム・プレイス展2018
　都市計画の過去と未来の創庫」(2018)

「高島平ヘリテージ 高島平をかたちづくってきた50の都市空間」(2019)

主な著書

『都市計画の思想と場所 日本近現代都市計画史ノート』(東京大学出版会 2018)、『都市計画学 変化に対応するプランニング』(共著 学芸出版社 2018)、『パブリックライフ学入門』(共訳 鹿島出版会 2016)

樋渡 彩

近畿大学 講師

A y a H i w a t a s h i

1982年	広島県生まれ
2005年	芝浦工業大学卒業
2006〜08年	ヴェネツィア建築大学 (イタリア政府奨学金留学生)
2009年	法政大学大学院修士課程修了
2016年	法政大学大学院博士後期課程修了

東京藝術大学教育研究助手などを経て、現在、近畿大学工学部建築学科講師。

* * * * *

受賞歴

前田工学賞[公益財団法人前田記念工学振興財団](2017)

住総研博士論文賞[一般財団法人住総研](2017)

日本建築学会奨励賞[一般社団法人日本建築学会](2017)

地中海学会ヘレンド賞[地中海学会](2019)

主な著書

『ヴェネツィアのテリトーリオ――水の都を支える流域の文化』(共編著 鹿島出版会 2016)、『ヴェネツィアとラグーナ――水の都とテリトーリオの近代化』(鹿島出版会 2017)、他

塚本 由晴

東京工業大学大学院 教授
アトリエ・ワン

Yoshiharu Tsukamoto

1965年	神奈川県生まれ
1987年	東京工業大学建築学科卒業
1987〜88年	パリ建築大学ベルビル校(U.P.8)
1992年	貝島桃代とアトリエ・ワン設立
1994年	東京工業大学大学院博士課程修了

Harvard GSD、UCLA、Royal Danish Academy of Arts、Barcelona Institute of Architecture、Cornell University、Columbia University、TUDelftなどで客員教授を歴任。

* * * * *

主な作品

「ハウス&アトリエ・ワン」(2006)、「みやしたこうえん」(2011)、「BMW Guggenheim Lab」(2011)、「Logements Sociaux Rue Ribiere, Paris」(2012)、「恋する豚研究」(2012)、「尾道駅」(2019)

主な展覧会

「いきいきとした空間の実践」(ギャラリー間、2007)、「Tokyo Metabolizing」(ベニスビエンナーレ日本館、2010)

主な著書

『メイド・イン・トーキョー』(鹿島出版会)、『ペットアーキテクチャー・ガイドブック』(ワールドフォトプレス)、『図解アトリエ・ワン』(TOTO出版)、『Behaviorology』(Rizzoli New York)、『WindowScape』(フィルムアート社)、『コモナリティーズ ふるまいの生産』(LIXIL出版)、他

宮下 智裕

金沢工業大学 准教授

Tomohiro Miyashita

1968年	静岡県生まれ
1991年	芝浦工業大学建築学科卒業
1993年	芝浦工業大学大学院工学研究科 修士課程(建設工学専攻)修了
1997年	南カリフォルニア建築大学 (SCI-Arc)大学院修士課程修了
1999年	芝浦工業大学大学院博士課程 工学研究科修了
2002年	金沢工業大学環境・建築学部 建築学科講師
2007年〜	金沢工業大学環境・建築学部 建築学科准教授

* * * * *

受賞歴

金沢市都市美文化賞(「アルミハウスプロジェクト」、2009)

Low Carbon Life - design Award 2009「環境大臣賞」(「ATATA−KAYA」、2009)

北米照明学会 IES ILLUMINATION AWARD 2010 (2009)

(社)アルミニウム協会賞「開発賞」(「アルミハウスプロジェクト」、2010)

日本建築家協会環境建築賞(「A-ring」、2011)

第11回JIA環境建築賞 入賞(「A-ring」、2011)

第4回サスティナブル住宅賞 優秀賞(「A-ring」、2011)、他

主な著書

『金沢らしさとは何か?』(北國新聞社 2015)、『境界線から考える都市と建築』(鹿島出版会 2017)

審査員

松田 達

武蔵野大学 専任講師（当時）
松田達建築設計事務所
※現・静岡文化芸術大学 准教授

Tatsu Matsuda

1975年	石川県生まれ
1997年	東京大学工学部都市工学科卒業
1999年	東京大学大学院工学系研究科建築学専攻 修士課程修了
2001年	隈研吾建築都市設計事務所勤務
2002年	文化庁派遣芸術家在外研修員として パリにて研修
2005年	パリ第12大学大学院パリ都市計画研究所 DEA課程修了
2007年	松田達建築設計事務所設立

＊ ＊ ＊ ＊ ＊

主な作品

「リスボン建築トリエンナーレ日本帰国展」会場構成

「フラックスタウン・熱海」
（今村創平、大西正紀、田中元子と協働）

「JAISTギャラリー」（林野紀子との共同設計）、他

受賞歴

第16回木材活用コンクール 木質デザイン特別賞
（「JAISTギャラリー」）

第42回いしかわインテリアデザイン賞2013
石川県知事賞（「JAISTギャラリー」）

日本商環境デザイン協会 JCDデザインアワード2013
BEST100入選

日本空間デザイン協会 DSA Design Award 2013
空間デザイン賞、他

主な共著書

『記号の海に浮かぶ〈しま〉（磯崎新建築論集2）』（岩波書店
2013)、『ようこそ建築学科へ! 建築的・学生生活のススメ』（学
芸出版社 2014)、『建築系で生きよう。若い人に聴いて欲し
い本音トーク』（総合資格 2015)、他

ファイナル
プレゼンテーション
司会

林野 紀子

金沢大学、金沢美術工芸大学
非常勤講師
りんの設計一級建築士事務所
歴史的建造物修復士

Noriko Rinno

1997年	東京大学文学部美術史学科卒業
2000年	東京大学工学部建築学科卒業
2000〜03年	阿部仁史アトリエ勤務
2005年	東京大学大学院修士課程修了
2005年	林野紀子建築設計事務所設立 （金沢市・甲府市）
2009年	ベルギーゲント市滞在のため事務所休止 ※Gent univ.及びA+の協力を得て フランドル地方の現代建築調査を行う
2012年	事務所名変更 （りんの設計一級建築士事務所）

＊ ＊ ＊ ＊ ＊

主な作品

「JAISTギャラリー」
（松田達建築設計事務所との共同設計 2012)

「哲学者の家」（2012)

金澤町家保存改修事業

受賞歴

第16回木材活用コンクール・木質デザイン特別賞
（「JAISTギャラリー」）

第42回いしかわインテリアデザイン賞2013 石川県知事賞
（「JAISTギャラリー」）、他

主な共著書

『ようこそ建築学科へ! 建築的・学生生活のススメ』（学芸出
版社 2014)

谷口建築の軌跡を巡る

[日時]11月23日（土・祝）10:30〜12:00　　[場所]谷口吉郎・吉生記念 金沢建築館

　2019年夏、谷口吉郎・吉生記念 金沢建築館が、谷口吉郎氏の住まいがあった寺町に開館した。本館の設計は吉郎氏の息子・吉生氏によるもので、建築資料や模型のほかに、吉郎氏が手掛けた赤坂離宮の游心亭を再現した空間もある。

　今回のツアーでは、建築館を館長の水野一郎氏に解説していただきながら見ることができ、さらに普段では見ることのできない谷口作品が保存されている収蔵庫も特別に見学することができた。

　歴史的建造物や近代建築が多く残る金沢において、その保存に尽力されるとともに、魅力的な現代建築の設計によりまちに新たな価値を付加してきた吉郎氏・吉生氏の功績に触れながら、金沢と谷口建築を訪ねた。

谷口吉郎・吉生記念金沢建築館は、建築・都市についてのミュージアムで、国際的に著名な建築家である谷口吉生氏によって設計されました。展覧会や建築ツアーなどさまざまな活動を通じて、金沢から世界へ建築文化の発信拠点を目指しています。

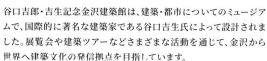

水野 一郎
金沢工業大学 教授／金沢建築館 館長

1941年	東京都生まれ
1964年	東京大学工学部建築学科卒業
1966年	東京芸術大学大学院修士課程（建築学）専攻修了
1966〜76年	大谷研究室勤務
1976年	金沢工業大学建築学科助教授
1979年	金沢工業大学建築学科教授
1980年	一級建築士事務所 金沢計画研究所設立

谷口吉郎・吉生記念金沢建築館

所 在 地: 石川県金沢市寺町
　　　　　5丁目1-18
敷地面積: 2,034㎡
建築面積: 836㎡
延床面積: 1,476㎡
構　　造: 地上2階・地下1階
設　　計: 谷口建築設計研究所
施　　工: 清水建設・豊蔵組・双建JV

1. 館長を務める水野一郎氏に解説していただく貴重な機会となった。
2. 迎賓館赤坂離宮和風別館「游心亭」の広間を忠実に再現。
3. 谷口吉生氏の設計による館内を多くの参加者が巡った。
4. ガラス越しに広がる水庭の景色を眺め、谷口建築の空間を堪能。
5. 特徴的な傾斜天井など、解説を聞きながら谷口吉郎氏による意匠を
　 味わった。

平田 晃久
京都大学 教授
平田晃久建築設計事務所

中島 直人
東京大学 准教授

樋渡 彩
近畿大学 講師

松田 達
武蔵野大学 専任講師（当時）
松田達建築設計事務所
現・静岡文化芸術大学 准教授

［記念講演 & トークセッション］

建築・都市・テリトーリオ

それぞれにおける歴史的空間の再編

［日 時］2019年11月24日（日）10:00 ～ 11:11　記念講演　　　　［場 所］金沢学生のまち市民交流館 交流ホール
　　　　　　　　　　　　　　　　　11:25 ～ 12:15　トークセッション

学生が設計を行う上で、歴史的な空間をテーマにした
コンペティションや設計課題が増えてきている。その中でも、建築の単体・まちづくり・都市計画など、
異なった対象の計画案がある。そこで、今回の記念講演では、
建築・都市・テリトーリオなどさまざまなスケールにおける歴史的空間において、
それらを保存したり、新たな建築を生み出したり、再編したりしていく手法や考え方について
先生方の専門性を活かした議論を行いたい。さらに、その考え方を
我々の設計にどのように生かしていったら良いかを考える機会としたい。

講演

History/Log/Entanglement
平田 晃久

▶ プロセスの中でどんどん別のものが絡まる
太田市美術館・図書館

おはようございます。平田です。歴史的空間再編コンペティション2019に呼んでいただきありがとうございます。僕は京都で建築を学んだわけですけれども、歴史というものをいつも京都の学生は変に意識してしまうので、歴史というものが嫌でした。建築を始めた頃は、あまり歴史というものを考えずに建築をやりたいなとずっと思っていて、最近になって何となくそういうものを意識するようになったくらいなので、あまり皆さんの前で話すほどのことは無いかもしれませんが、「歴史/ログ/からまり」というタイトルで話します。

僕は、建築物をつくる時に、例えば、蝶が花と花の間に動いているような、そういう三次元的な空間をつくりたいと思って「からまりしろ」という言葉を考えました。何かがからまる余地という意味です。最近その「からまりしろ」というものを考えている中で、こういう図を描きました。これは魚の卵が昆布に絡まって、海藻が海底の岩に絡まってという、連鎖するからまりの図ですが、これが意外に自分にとって意味のある図になっているのです。考えようによっては、これは自然界の歴史なんですよね。生態系というものは、何らかの時間軸の中で偶然いろいろなものがからまってできているので、結局そういった全体というのは、あるログを伴って歴史的にできているものだと思います。

そういうことを考えるようになった一つのきっかけは、太田市美術館・図書館というプロジェクトです。太田というのは自動車のスバルで有名なまちで、人口が22万人位いるにも関わらず、駅前は閑散としていて誰も歩いていなかったんですね。みんなこれにはまずいと思って、駅前を歩く人の拠点をつくるということで始まったのがこのプロジェクトです。僕らは、いくつかのBOXとその周りにストリートのようなスロープがぐるぐる巻き付いているという、ま

ちのような建物を提案してコンペに勝ちました。そういう螺旋でできた建物ですが、つくる過程が若干変わっています。というのも、太田の人々がここに本当に来て歩いてくれなかったら何の意味も無い建物になってしまうので、たくさんの市民の人に関わってもらって、市民だけでなく図書館の専門家や美術館の専門家、行政やさまざまな人たちが一つの場所に集まって、ワークショップを行いました。特定の議題をもとに僕らの提案をいくつか並べて、その中から一つを選ぶということを3回行ったのですが、実際には、ゾーニングの問題やBOXの個数とか、スロープの巻き付け方など非常に具体的なものでしたが、設計の順序として、まず図書館と美術館のゾーニングを決めた後、BOXの個数を決めました。そしてその後そこに絡まるスロープを決めて、太田の有志の方々と一緒に家具をつくって、建築的家具をそこに絡めていくということを行いました。先ほどの図でいうと、海底の岩が箱で、スロープが昆布で、家具が卵みたいなものです。それを時間の中の順序として設計の場に開いて、それぞれの段階ごとにフィックスしてしまうというやり方を取りました。自然界でまず岩ができて、その後しばらくしてから昆布が生えてきて、またしばらくしてから魚の卵が絡まるのと同じように、設計のプロセスもどこまでかを決めてしまって、その後で固めていけば何とかなるのではないかという考えのもとに行いました。

プロセスの中で決めていく作業以外にもさまざまな小さな意見が出てきました。実際のスケール、実際の場所も空き地でしたので、そのスケールの中を歩いたり、そこで意見を出してもらったりする中で、僕らが全然気付かなかったような本当に小さな気付きが積み重ねられていたということも同時並行で絡まってきて、最終的には二百個の模型をつくった中から一つが選ばれて実現するという過程を経ました。その結果、その一個の建物がたくさんの人々にとって、それぞれが自分の居場所を見出すことができるような多様性に満ちた場所になったのではないかと思っています。

僕はよく「生態学的ニッチ」という言葉を使うのですが、それはある種類の生物が暮らすことのできる環境的なセットのことでして、もし異なった種類の人がそれぞれ違う生

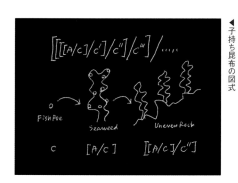

子持ち昆布の図式

八代のプロジェクト

き物だと例えたら、その違う生き物がそれぞれ自分の居場所を見出すことができるようなそういう環境の状態というのは、比喩的な意味で生態学的ニッチが多い状態だと言うことができると思います。あるいは、ジャングルでは、一本の木の中に300以上の種類の生物が住んでいるらしいのですが、とても小さい拡がりの中にものすごい生態学的ニッチがあるわけですよね。そういうものを建築でどうやってつくるのか。もちろん形を多様にしていくとか、設計者側で一人で考えてできることもたくさんあるとは思います。実はそういうことよりも、自然界の中でそういうニッチがたくさんできていくということはどうやって起こっているのかというと、あるところまでできたものにまた別の生物が絡んで、またそこに何か別のものが絡んでという、ある種の歴史性の中でその豊かさが獲得されています。太田の設計過程は、そういう過程として設計そのものをもう一回開いてみて、プロセスの中で段階を経てどんどんどんどん別のものが絡まっていく、そういうことが起こるようにやったらどうなるかという実験として行ったわけです。とはいえ、設計者としてはいろいろとスペース、あるいはディテール等については それなりに真面目に考えて設計しているので、別に全部を投げ出したわけではありません。そういうことも含めた相対は現地に行くとよく分かると思うので、ぜひ行ってみてください。

▶ 新しいものと古いものを重ねる
八代のプロジェクト

次のプロジェクトです。最近、八代という熊本県のまちで伝統的なお祭りのための場所というものを設計しています。妙見祭といいまして、とても派手な鉾がまちなかを練り歩く行列のお祭りでして、それにちなんで道をつくるというコンセプトで、道の周りに展示空間があったり、9種類の鉾や獅子などを収納する保管庫があったり、練習のための伝承ルームがあったりというような提案をしました。八代は、日本というよりも中国に近いような、東京より上海の方が近いので、大陸との距離感の中で育まれた文化ではないかと思いますが、そんな中で妙見祭は、暴れ馬と半分戯れるようなこともやっていて割と派手なお祭りです。

このお祭りをどのように、現代社会の中でもう少し盛り上げていくのかということですが、高齢者の方が多くて、お祭りを引き継いでいく人がなかなかいないということが一つ問題になっています。もう一つは、外国からのクルーズ船が止まる港があるのですが、特に中国からの観光客がどのようにここに来てお祭りを鑑賞するのか、お祭りに関する展示を見たり、お祭り関連のイベントをどのように楽しめる場所にできるかという問題です。外から来た流れと、内側からの幼い世代の流れをどう出会わせて、一つの新しい伝統のようなものをつくっていくのかという場所として構想しています。僕たちが提案したのは、まずコンクリートの箱で展示室や保管庫に安定した環境をつくった上で、木造の巨大な屋根を公共空間にすることです。八代はものすごく森がたくさんあって地場の木材や熊本の県産材も豊富に使えるので、集成材などにせずに無垢の製材をそのまま使えるように考えました。具体的には、長さが6mとか4mとか、それくらい短い長さの梁を組み合わせて麦わら帽子というか編み物のように屋根をつくり、傘鉾の上に、またさらに傘（屋根）を掛けていくということを考えています。この傘というのは、傘の下で傘鉾を組み立てたりできるような、拡張されたお祭りの道具みたいなところがあるのですが、部材と部材のジョイントは全部3次元的で仕口の角度が違います。この角度が違うものをそのまま普通につくろうとすると非常に大変な膨大な作業量になるのですが、コンピュータのテクノロジーを使うと割合簡単に全部の仕口を決めることができて、それを3Dソフト上に入力して、カッティングマシーンに入れて加工するというやり方で実際につくろうとしていて、もうすぐ工事が始まります。こういう伝統的なものと、もう一方で現代のテクノロジーみたいなものを重ねながら、伝統にもう一つ新しい伝統を加えていくといいますか、そういうことを試してみようとしています。

また、八代という地域は台風が頻繁に来るので、屋根全体の強度についても検討しました。これは風洞実験の写真です。50mの風洞の中に計測器を入れた模型を入れて、実際に測って危険が無いかを検証しました。こういったことも今のテクノロジーが無いとできない話です。

新しい伝統をつくる時、時間を背負って発言している人の間を調停するものとして建築があります。

▲屋根構成（八代のプロジェクト）

▲風洞実験（八代のプロジェクト）

八代のプロジェクトは、そういう新しいものと古いものを重ねることを意図しているのですが、実はこのまちでも先ほどの太田のようなワークショップをやりました。ただ、すごく印象的だったのは太田のようなプロセスを経なかったということです。というのも、最初の段階で、行政がつくったプログラムをもとに僕らは行っていたのですが、それに対してものすごい剣幕で怒っている人たちが来て、一見それは荒れ模様だったんです。ただ、興味深く感じたのは、その人たちは誰一人自分のことを言っていないんですよ。それぞれが属している、例えば日本舞踊の文化団体やそれぞれの団体なのですが、その人たちもまた何百年の伝統を背負って生きているのです。自分の人生よりも長い時間というものを意識して発言している人というのを、僕はその時初めて生で見ました。太田の時はあくまで、自分の子どもたちが大人になるまでとか、それくらいの時間、30年といったタイムスパンでみんな話していたのですが、八代に行くと何百年という単位の時間を相手に話している。それがすごく面白いと思いました。建築のプランで面白いのは、お互いに背反する利害を持った人たちの話をよくよく聞いていると、それらの間のちょうど中間みたいな地点というのがプランニング上見つかったりするんですね。全員が完全に自分の要求を聞き入れなくても、かなりの部分を聞き入れられたという状態をどうやってつくるかということに、話し合いのほとんどのプロセスを当てたほうが良いなということでやっていました。それは別に、太田みたいにコンセプチュアルにプロセスを重ねていくというわけではないかもしれないけれども、こういう新しい伝統をつくるという時に、やはりそれなりの時間を背負って発言している人の間を調停するものとして建築があります。それでそういうものができたということになって、最終的にそのお祭りが盛り上がると良いなと思っています。

▶ ハイブリッドな素材と考え方でできた建物　歴史に新しい意味を重ねていく

次のプロジェクトですが、伝統や歴史などを考えたことがあるプロジェクトとしてはこれが一番最初かもしれません。これは台南という台湾の京都みたいなまちで提案した美術館のコンペ案で、一等は坂茂さんでもう建ってしまったのですが、我々は惜しくも二等でした。「現代美術館の丘」と「近代美術館の谷」という2つをカップリングして提案したものですが、台南というのはレンガで有名で、とりあえず土を使ってレンガをつくって、レンガの建物がたくさんある街です。レンガというのがなかなか面白いなと思ったのは、元々オランダ人が台湾を最初に占領したのですが、占領の拠点となったゼーランディア城というのは、レンガでできた要塞なんですよ。その後、日本軍がやってきた時も、レンガの建物をたくさん残しています。そういう意味では、レンガというのは外からやって来た、侵略するような、占領するような、力みたいな権力のようなものをどこかで象徴しているものでありながら、台南のまちもその前から赤土やレンガで小さな建物ができていて、それがある種の歴史的な雰囲気を醸し出しています。一個の単一の意味ではなくて、いろいろな意味をはらんで台南にレンガというものがあって、かつ、レンガはすごく土を感じさせる素材というのが面白く、そこに着眼しました。そこで僕らが提案したのは、丘のような現代美術館と谷のような近代美術館です。台南の土がそのまま盛り上がって丘みたいなものができて、丘の中に現代美術館をつくり、また、もう一つの敷地も元々あった警察署の建物もレンガなのですが、その伝統的なレンガの建築にさらにまた、土にあるレンガを積み重ねて谷をつくり、そこに近代美術館を入れることです。さまざまな歴史的な要素が共存する中でアートを鑑賞するというようなことや、土着なものと外からやってきたものと見分けがつかないようなものとしてレンガを捉えていくと、僕たち日本人がここで何かをつくるということも含めて、豊かな意味として台南の中に息づいていくのではないだろうか、というようなことを考えて設計をしました。

台南というのは面白いまちで、日本が統治していた時に近代都市計画で大きな道路をバーンと通しているのですが、ロータリーがあったり、自然発生的な道も残っていて、元々のうねる街路みたいなのは都市計画でつくられたグリッドの中にまだ生きていて実際に使われていたり、それ沿いに小さな建物が建っていたりします。台南そのものが、多分世界的に見てもそんなにたくさんはない非常にハイブリッドな都市で、そこに何かそういうハイブリッドの意味合いを持った素材とハイブリッドな考え方でできた建物をつくって、歴史みたいなものに新しい意味のようなものを重ねていくということを考えてみました。

そういう意味では、僕も歴史や時間の流れみたいなものをどう捉えて良いのか全然分からないというか、試行錯誤の中でしか考えることができていませんのであまりはっき

▶現代美術館（台南）

りとしたことは言えないのですが、どうやら設計していくとそういうことがすごく面白いことだということが最近ようやく意識されてきたわけです。

　そんな話をしようと思って、今日はこの3つのプロジェクトを持ってきました。そろそろ時間のようですね。ありがとうございました。

講演
歴史的空間の再編のための
都市計画的読解
中島　直人

▶ 歴史的空間と都市開発は対立しない
　歴史の層の一つとしての都市計画

　私は都市計画とデザインを専門としているのですが、歴史的空間の再編というのはやはり認識とデザインは表裏一体です。今日は認識の話をしたいと思っています。歴史的空間再編のための読解ということです。歴史的空間というと歴史あるまちなみのことが頭に浮かびます。私はこういうまちなみがとても好きです。日本の中にたくさん残っている、こうした歴史的な環境をどのように保存していくかということは大事な問題です。一方で都市計画や都市開発というと、それとはまったく異なるイメージをされるのではないでしょうか。例えば、横浜のみなとみらいの風景。うちの子どもたちはアンパンマンミュージアムが好きでよく行くのですが、都市開発というと、こういう空間やこういう像を思い浮かべることが多いと思います。

　歴史的空間、つまり先ほどお見せしたまちなみのようなものと都市開発、この二つは往々にして対峙する関係というように捉える方が多くて、VSですね。時々、都市計画や都市開発というのはある種の歴史的空間にとっては悪者というか、そういう位置にもあるような気がする。確かに今の二つの歴史的なまちなみとみなとみらいを見ると全然違う空間です。しかし、ハイブリッドや新しいものと古いものの重ね合わせという言葉が平田先生の講演の中にもありましたけれど、日本の都市の市街地を見てみるとほとんどがまさにそうですよね。これはとある都市の中心部の写真ですが、私はこういうものにとても歴史的な時間を感じます。日本の都市の市街地というのは、左側が私のつくった図ですが、この緑は元々古い木造の建物とそれが建っている古い道筋でして、戦後50年くらい掛けていろいろな建物が再開発などで建ってきて、それらが混ざり合っているような場所で、この全体をある種歴史的空間として捉えることが大事なのではないかと思っているわけです。ほとんどの市街地というのは、まちなみ的な歴史的空間と都市計画、都市開発がおそらく混在していて、一つのものになっている。それが我々の日本の都市の歴史的空間と

して非常に大事な空間ではないかということで、都市計画と歴史的空間は対立する関係ではないということと、都市計画というもの自体も歴史の層の一つを成しているということを今日お話しようと思っています。

　そのことを考え出したのはちょうど10年前、2009年から10年にかけてニューヘイブンというアメリカの都市に住んでいた頃です。ニューヘイブンはアメリカの都市の中では非常に古い都市です。イギリスから新大陸に最初に渡ってきたピューリタンの人たちがつくった植民都市の一つで、真ん中にグリーンと呼ばれる広場があって、古い教会が並んでいて、すぐ横はイェール大学の非常に古い建物があります。どんな都市の形をしているかというと、ナインスクエアといって、これは宗教のある種の理想都市としての形、エルサレムという寺院が聖書に出てきますけれども、あの形を最初に入植者たちがつくりました。グリッドの都市はたくさんあるけれど、9つの正方形でできていて、真ん中にグリーンを持つというのがニューヘイブンの特徴です。アメリカの中では歴史都市だけれども、この都市はニューヨークとボストンの間にあって、戦後の1950年から60年代にかけてアメリカの連邦政府の再開発の金が一番投入されたところでもあります。9つのグリッドの中でも再開発、アーバンリニューアルがたくさん行われたのです。ロディバルというフランス人の手で、実際に再開発構想が立てられて、モダンな再開発ビルがボコボコと建っていきました。

　当初ピューリタンの宗教的な原理に基づくまちなみの上に、戦後の再開発が乗っているのですが、さらにその先に、何が起きているかというのを示したのがこの図です。9つのグリッドがあって、そこに1950年代、60年代のアーバンリニューアルがあって、分かりにくいかもしれないけれど、アーバンリニューアルというものは交通網と一緒になっていて、高速道路が入ってきているのが分かると思います。その高速道路とその周りが再開発されたわけです。さて、今何が起きているかというと、そこをさらにもう一回再開発しています。50年代、60年代にショッピングセンターや駐車場や舗装道路をつくったけれど、それがある意味では社会的な寿命が来ていて、それをつくり換えようとし

◀日本の都市の市街地

ています。1950年代にはある種の不良住宅が多かった。アメリカなので人種の問題と関係していて、黒人の方々の居住地で谷底で非常に小さな建物が建っていたため、アーバンリニューアルによってクリアランスされて、高速道路と住宅とショッピングセンター、駐車場がつくられた。今度はその高速道路を廃止して、かつてつくったショッピングセンターは早い段階で撤退してしまっていたのですが、全部建物を壊して、右上が今の計画ですけれども、そこにアメリカではニューアーバニズムと言いまして、歩行者にフレンドリーな街区の大きさにしてまちをつくっていくということをやっている。もう一つ、この左側の方に高速道路が伸びる予定の場所があって、一番左側にオルムステッドという有名な人がつくった緑地がありまして、1970年代にその緑地保全の運動が起きて高速道路ができなかった。だけどもうクリアランスしてあったので、その後ずっとオープンスペースとして残っていたところがあります。そこを市街地にしましょうということで、上が実際に市が行っている計画で、クリアランスした形状をそのまま引き継ぎながらまちをつくる。それに対して下は市民団体から出た案です。高速道路の用地が無かった頃は一つのまちで一体としてあったのが高速道路のためのクリアランスで分断されてしまった。市の案だと高速道路のためのスーパーブロックがそのまま市街地になっているので、元々の市街地の分断がそのまま残る。それに対して市民団体の案は、元々の道を全部繋ぎ直そうという、高速道路の用地になる前のまちを復元しようという案で、これによって上と下のまちを繋ぎます。この二つの話が、ちょうど私がニューヘイブンにいた時に実際起きて、今はこれがもう動いています。共通しているものは何かというと、クリアランスはクリアランスですが、一回クリアランスや再開発したところをもう一回クリアランスしています。いろいろなものを壊してつくった高速道路やスーパーブロックを、今度は新しい今の考え方の市街地に全部変えようとしている。私が違和感を持ち、ある意味では面白いし、考えなければいけない問題と思ったのは、歴史の層の中で選択しているということですね。その中で、選択されない50年代、60年代につくっ

たもの、つまり再開発というある種の都市計画の層は、全部間違いであったと言って消えていきそうです。それはどういうことなのかということで、歴史の層の一つとしての都市計画というものについても考えるようになったのです。

▶ 再開発は単なるビル建設か？都市の歴史的空間を読む

ニューヘイブンから帰ってきて、慶應義塾大学に行ってやったことが一つ目の藤沢391プロジェクトです。ここに1960年代から70年代にかけて建設された三つの再開発のビルが写っていますが、こうしたビルがどういう歴史的な層として理解できるかということを考えました。真ん中には、ハゼの木広場という広場があって、相撲中継が流れたりして、意外と人が集まる面白いところです。ここで、再開発事業でできたこの街区をどのように都市計画の層として見ようかという時に、三つの問いを立てました。再開発は常々、不連続点とか断続点とみなされ、それで嫌われるのだけど、本当にそうなのかということと、再開発は民間のビル事業であって、都市スケールで語るものではないという理解もあるけれど、本当にそうなのかということ。さらに、あの敷地の中にビルが建ったということで再開発は完成したというけれど、再開発ビルの完成というのはいつなのか、建物が建てば完成するかというとそうではないのでは、というのが三つ目の問いです。

二つ目の問いからになりますが、再開発は単なるビル建設ではないのです。都市計画は、特に再開発の場合は、きちんと読み解いていくとその背景には、戦後の藤沢という非戦災都市がどのように近代化していくのか、さまざまな人のいろいろなビジョンや計画があって、それはマルチスケールで見えてきます。1957年に藤沢全体で総合都市計画を立てて、その時に藤沢の駅前に初めて商業地域を設定し、商業をもう少し南に集積させようとした。北側には藤沢宿があったのだけれど、南にやろうと。それがもとになって、次にそこは土地区画整理事業をやりましょうとなり、いろいろなことを考えて区画整理事業をやる。その中で、これは駅前広場をつくっているのだけど、駅前広場

現況

コネクターの埋立、街区再編⇒

カレッジ、オフィス等の建設

1950年代　　1970年頃　　現在　　将来

◀ダウンタウン・クロッシング・プロジェクト（ニューヘイブン）

◀ハゼの木広場（藤沢）

をつくったその周りには防災建築街区と言って、再開発ビルのための街区をつくりましょうとなって、最初に見せた、あの広場を持つ再開発のビルの街区ができていきます。そう考えた時に、実はこの一つの再開発の、先ほどあの大相撲が流れているといった空間は、藤沢という都市のその時代のビジョンや構想とか、計画といったものがものすごく詰まっている場所で、たった一つの場所ではあるけれど、そこからいろいろな都市的な構想力というものが湧き出てくるような場所だということが見えてきます。広場としての質が良いとか、空間として何か遺産性があるところでなくてもそういうものがある。

次に一つ目の問いに戻ります。再開発すると建物はもちろん変わるわけです。大きく建て替わって小さな木造で密集した部分が変わっていくのだけど、都市というものは形だけではないというか、根強く残るのは土地の権利なのです。土地の権利とか床の権利。この図は、左側の再開発前の非常に小さな木造建築が並んでいたところの土地を誰が持っていたかということを示しています。この時点での土地所有者の多くが、ビルのオーナーになるのです。ビルのオーナーたちが、ずっと今まで共同でこの場所を経営して、子どもたちが引き継いでいる。社会的組織の連続性は簡単には無くならないというか、90年代以降になって大規模なデベロッパーが入ってくると、これを根こそぎ買い取って断絶するケースが出てくるのだけれども、それより以前の都市空間については普通は連続しているわけです。歴史空間を見る時に、空間の権利の問題が大事なのです。その権利者たちがどのような連続性を持っていて、彼らが何を考えているのかということ。彼らは今でもこの場所にどのようにコミットメントしているのかという視点を持つと、再開発ビルというものが過去にもっと遡る長い文脈の中にあることと、今に繋がる流れが見えてくる。

三つ目の問いですが、当然、再開発ビルというのは完成したら終わりではない。こういうビルは生きれていくわけですよね。例えば、漫画家の松本大洋さんが藤沢に住んでいたことがあって、アニメにもなった彼の漫画「鉄コン筋クリート」は宝町というまちが舞台で、まちを再開発するという人が来て、シロとクロという主人公たちがそれに対抗するという物語ですが、その主要な舞台になったのがあの広場です。あの広場が、藤沢に生きていた松本大洋という人の記憶に非常に残っていて、それを表象として出しているわけです。もちろん松本大洋という表現者だけではなくて、たくさんの人が再開発された後にもいろいろな思い、記憶を持っていて、そういったものが歴史的な空間をかたちづくる。それで我々はそういうことを考えて都市空間を読むのだけれども、一方で多くの場所でそれを展示したり、その場所でインスタレーションによっていろいろな場所の記憶を掘り起こしたり、あるいは記憶を掘り起こすだけではなくて、みんなで読むというか、誰がこの空間を読むのかという問題だけれども、多くの地域の人たちと自分たちの空間の歴史的空間を読むということを共有したり、それが最終的にはこの空間を使う人たちの使い手というか再生の担い手を生み出すのではないかとまで考えました。だから我々が何かをやらなくても、こういう考え方とか読み方を伝えていくと、次はいろいろな人が広げてくれた。このビルはもう古いので再開発で建て替えようということで今も動いていますが、建て替えるまで時間が掛かるので、その間に歴史的空間の場所を活かそうという動きが出てくる。特にこのビルの場合はかつて屋上観覧車があって、もうずっと使えていなかった空間だけれど、我々がイベントでそこを使わせていただいたのですが、それが引き金になり、いつの間にかビアガーデンになった。地域の焼肉屋さんやビルのオーナーさんとかが結託してこの場所を変えていったのだけれども、それは都市計画とか建築が変えているのではなくて、自分たちのまちの空間の歴史性やそこが生み出す可能性を感じ取った人たちが動き出したわけです。

▶ 歴史の層を 誰が読み解いていくか 我々自身も都市の作品

最後ですが、同じようなことを東京大学に移った後も高島平という場所でやっています。今回、団地の話が多かったのは建築学会のせいだとは思いますが、高島平ではアーバンデザインセンターというものをつくって実際に再生をやっているのだ

防災建築街区指定時点（1962年3月）の地籍と土地所有者

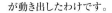

土地区画整理による換地時点（1982年8月30日確定）の地籍と土地所有者

筆界 　建物

●〜○ 土地所有者（同記号は「同所有者」又は「その相続者」又は「同所有者もしくは相続者が代表を務める法人」）

▲ 土地の所有者（藤沢）

けれども、その前提となるものすごく地道な作業をやっているのがヘリテージプロジェクトです。高島平は真ん中に団地があるのですが、それ以外にも実は大きな区画整理としてできている一つのまちで、このまちの中に将来に引き継ぐべき都市空間がやはりたくさんあるだろうということを地域の方々と一緒に調べる、ヘリテージプロジェクトという運動をしています。この地図には大事なことが示してあって、50個のヘリテージも書いてありますけれど、実は一つひとつの建物に色が塗ってあって、建設年代を示しています。このまちの基盤は60年代から70年代の都市計画でできたのですが、70年代に一気にできたわけではなくて、団地は一気にできますけど、その後で時間を掛けてまちというものは形成されていく。一つの時点でパッとできるまちではなくて、元々都市というのは時間を掛けてできていきます。それはそれぞれの土地を持っている地主さんのタイミングでつくられていくのです。また、高島平はどうできたかというのはもちろんすごく大事な話だけど、当然どうできたのかというのはその前の条件に左右されています。高島平では田んぼを区画整理しているけれど、その前からあるものも今でも残っています。さらに、70年代に造成された後もさまざまな取り組みで都市空間が変わっている。

高島平の古い地図ですが、これを見て分かるのはかつての集落の構造というのは崖の上の集落から田んぼ、そして、荒川までの縦の連なりが地域の基本的な区画割で、このことが今の高島平を見るとよく分からないが実はすごく大事なことです。というのは、高島平は公団が開発した部分も多いけれども、区画整理だから元々の地主の人たちも土地を持っています。その地主というのは崖の上の人たちで、その人たちがある意味ではまちをつくっている。その時に、縦という構造が今でも残っていて、この集落に住んでいる人たちは縦の先に土地を持っているという構造である。例えば消防団組織は旧集落の単位で残っています。そのリアリズムが分からないと高島平のどんな絵を描いても意味が無い。そういうことが歴史的に見るときちんと見えてきたり、計画の文脈をつくるのです。また、どういう意図で何をつくったかとかということになると、ついまち全体の大きな話をしがちだけど、一画の小さな空間

歴史的再編をする人を生み出す空間をどう生み出すかが大事になってくるのです。

にも意味があって意図があるんですよね。それは例えば、駅舎が何でもない駅舎のように見えて、丸の繋がりが面白いデザインで、こういうのはきちんと当時のことを掘り下げていくと、なぜこういうデザインがされているのか分かります。この写真が分かりやすいですが、高島平は団地なので直線でできている、それに対して少しでもほっとするような直線だけのまちではない空間にしたいということで、当時の都の職員たちがデザインしました。こういうことを地域の人たちは知らないのだけれど、一緒に地域の人たちと掘り下げていくと自分たちの環境というものに対する意識が大きく変わっていく。まちができた後、地域の人たちで団地のいろいろな空間に名前を付けた話も大事です。10年ぐらいたって段々と土地と住民との関係が深まっていくとこういうことが起きる。そして、これが今でも残っている。「何とか広場」などそういう名前が付いてくる。これも全部歴史なんです。当初高島平はとにかく災害に弱くて水害だらけだったけれど、この50年の間に一所懸命対策をしています。これはどちらかというとボトムアップではないけれども、この写真は一見何でもない写真に見えて、マンホールがずっと並んでいるところですが、これは高島平の水害の問題に対して下に貯留槽をつくっていることを示しています。そういうものがあって、そういうものが時間の積み重ねになっているわけです。しかも最近では地域の人たちが使いこなしたりしています。これは我々がやっていることですが、元々の緩衝緑地を本当のパブリックスペースにするという実験をしました。伝えたいことは今いろいろな時間の層のものがあって、それが重なったり混在している。それを誰が読み解いていくかということが、とても大事で、我々は小さな実験だけれども、大学で読み解くというよりも地域の人たちとこういうことをずっとやってきています。

最後になりますが、今日この短い時間で伝えたかったことは、最初に言った通り都市計画や開発と歴史的空間というのはVSではなくて、重なっていて混在もしている。都市計画というのも一つの歴史の層だということです。つくられている層のうちの一つ。それで歴史的空間の再編という時に陥りがちなのが、歴史の層を選択する問題だと説く人がいるのだけれども、つまり江戸時代とかある時

代、それで都市計画の時代ではないとかあるけれどもそうではなくて、これは歴史の層の重なり合いをどうするかという問題で、重ね合わせた方が絶対人間らしい空間になる。そのことをどうするかというのが再編の問題で、その時もっと大事なのは再編の担い手というのをどうやってつくっていくか。一回再編したら終わりではなくて再編は持続的に起こるもので、常に再編は起こる。それを起こす人は誰なのか。その人たちを育むプロセスこそ大事なのではないかということです。我々はまだ小さなことしかやっていませんけれども、そういう人たちを育てています。

飛躍しますけれども、私の持論は基本的に都市というのは、もちろんさまざまな時代のさまざまな人々の意図とか企図の集積です。共同作品だけれど我々自身も都市の作品の一部だということを忘れないようにした方が良いです。我々はいろいろなことを考えて、建築の人もそうだし都市計画も何か働きかけようとするけれど、その背景には我々自身もその都市や環境から生み出されている。そういう意味で言うと多分歴史的再編をする人を生み出すような空間をどう生み出すかということが大事になってくるのです。それができれば自然と自分のまちの歴史とか空間に愛着を持つ。その人たちがたくさんいるまちがまた次の再編を担ってくれる。人間の人生は短いから、そういうサイクルの先に繋がっていくようなことを実は私たちはやっているのではないかと思う。我々は都市の作品であることを自覚して都市と向き合うということが大事なのではないかと思います。長くなりましたが終わりにします。ありがとうございました。

講演
建築・都市・テリトーリオ
それぞれにおける歴史的空間の再編
樋渡 彩

▶ **何気ない風景に価値を置く**
「地域」を意味するテリトーリオ

私からはテリトーリオの説明をさせていただきます。最初に研究紹介をさせていただきますと、専門分野は建築史、都市史、地域史、空間史となっていまして、建築単体だけを見るのではなく、建築群、スケールから建築の成立、変化の背景を考察します。都市史ということは皆さんご存知だと思いますが、大事なのは時間軸の中でどのように変化したのかというところですね。それが都市や地域をいかに形成して、そこで生活している人々がどう成立しているのかということを日々考えています。

フィールド調査に基づきながら研究をしているわけですが、主にイタリアです。最近少し日本についても考え始めています。今日は簡単に、トレヴィーゾというまちが分かりやすいので取り上げます。水辺のまちで、こういう歴史的なまちなのですが、どうつくられたのかと考えています。集落があって、古代ローマ時代に発展して、都市の形成過程を読み解きます。このように地図を使いながら。そして、現在は古い絵などを見ながら、「現在もこういうものが残っているね」という感じで確かめていく。古代ローマ時代のコアな部分、特に歴史が一番積み重なっているところに、どういったものがあるのかを現地調査を通して発見、発掘していきます。そうすると、トレヴィーゾは産業のまちなので水車がたくさんあることも分かってきて、まちの特徴なのだと思います。ちょっと余談ですが、水車が残っているこの建物というのは元々製粉所で、今はどうなっているのか。これは日本だと維持保存で、そのまま製粉所として保存すると思うのですが、ここがトレヴィーゾのすごいところで、完全に冷凍食品屋さんです。いろいろなアイスクリームとか冷凍食品がたくさん並んでいるのですけど、その中にこの軸だけを残してガラスで覆って陳列棚にしています。このように現代のニーズにはしっかり答えている。だけど、都市の表層部分には水車を残して、都市のイメージというものをきちんと残している。こういう保存の仕方はすごいと思う。この大胆さはなかなか無いのかなと思います。マニアックですが、こういう小さいところ、水車の跡にも注目します。で、最近の言葉でいうと萌えている、興奮しているメンバーです。そういう風に都市を読み解いていくと、こういう特徴的な写真も撮れます。これは古代ローマ時代の市壁があったとされる境目の水路です。この右側と左側の空間は全然違うように読み解けるわけです。

◀ トレヴィーゾの製粉所跡

大運河 または ベスケリア運河（製粉所）

◀ 京橋川沿いと江戸時代の蔵の例
（図説広島市史）

京橋川沿い

江戸時代
蔵の例

例えばこういうところですね。

こういう視点で日本ではどういったことが考えられるのだろうということで、これを日本に落とし込んでいきます。これは広島の地図ですが、この何気ない普通の風景ですよね。こういうところに雁木と言って、階段状のものなのですが、土木学会でもここは価値があると言われている。なぜ価値があるのかという話をしていくと、こういう歴史的に蔵が並んでいて、瀬戸内は干満差が激しいので大潮の時は4mくらいあるので、船が荷下ろし荷揚げする時に潮が引いていても満ちていてもしやすいように階段が発達したと言われています。こういうものが残っている時に、何に使われていたのかをきちんと理解することが重要ということです。では、そういうところに注目していくと、こういう何気ない風景はどこに価値付けられるのかという話ですね。皆さん分かると思いますが、実は木が非常に重要なんです。ここは平和公園の近くで、原爆で全部無くなったところです。先ほどのようなこのように使われていたヒントとしては、こういう木ですね。川沿いにこういう蔵屋敷がたくさん並んで、こことは違う場所なのですが、おそらくこういう感じで建物は並んでいた。武家地だったのでそこにやはり木があったのだろうと。でも、原爆で建物が無くなったので川沿いを緑地化していって、遊歩道をつくる整備の段階でもおそらくこの木は実は残っていて、当時の計画者の人たちは原爆の後で広島に残っているものはなるべく残そうという意図を持っていると思うので、こういう遊歩道をつくっても木がきちんと残されている。おそらくそういうプロセスではないかなと思うのですが、そういう何気ない風景をどう価値付けられるかを次の世代の人たちが、ここを整備する時もきちんと当時の木を価値付けられるかというのは大事かなと思っています。

例えば、これも本当に何気ない風景ですが、これのどこに価値があるのか。地元の人も気付いていない価値を発見できるのか。忘れられた過去をどうやって呼び起こすのか。もう正解を出してしまいましたけれども、そこに価値が置けるかどうかという話です。どうやって読み解くのかというと、これもあそこの赤丸の、ここで発見した石垣のと

ころですけど、そこは元々どういうところなのかという話をすると、実は江戸時代の護岸ラインなので、ずっと地図を見ていくとちょっとしたカーブがとても気になるのですね。江戸時代の護岸ラインの石垣があって、この上に住宅ができたので、あの石垣だけ残っているのではないかという風に見えてくるわけです。そうやってずっと地図を見ていくと、この辺にもカーブがあるのであそこにも歴史的な重要なものが残っているのではないかなというように見えていると。そういう風に都市史は、地図を積み重ねながら場所を読み解いていくということをしています。

そしてここからが私に課せられた課題だと思うので、ここからはもう少し丁寧にやっていきたいと思います。テリトーリオは聞きなれない言葉だと思います。皆さんは建築学会に入っていますか?入っている方は「建築雑誌」の2019年の5月号と11月号をぜひ見てください。そこにテリトーリオについて書いてあります。だから今日、興味を持っていただいた方は、そちらを丁寧に読んでいただくと今日の話が分かるかなと思うのですが、簡単に言うと「地域」のことです。イタリア語で地域を意味していまして、土地とかそういう自然条件の上に人間の手が入っている、文化的景観とか歴史とか伝統、共同体、あとは食文化、そういうものが結びついて成立している地域です。そういうものが、都市とか田園といったそういう相互関係や、流通といったさまざまな面を持っているのですが、今日はいくつかの事例を紹介したいと思います。

▶ テリトーリオの概念でまちを読み解く
ピアーヴェ川を軸に全体を繋ぐ

私の研究対象地はイタリアで、主にヴェネツィアです。例えば、湿地帯という枠組みで切り取るとこういうエリアが切り取れるだろうということで、いろいろあるわけですが、今日のメインはヴェネツィアとします。ラグーナという湿地帯がありまして、その背景に広がっている本土と訳していますけれど、背景に田園、山などが広がっています。その中の川を塗っています。そういう川を軸にした地域の見方ということを今やっています。ピアーヴェ川、シーレ川、ブレンタ川と川がたくさん注いでいるのですが、日本語で言うと流域で、新たな地域の枠組みというものを見ていきたいなと思っているところです。それが、行政や領土とか、その他の違う見方ができるのではないかということでやっているわけです。スケール感覚を少し持ってきますと、ラグーナという湿地帯が、東京だと東京湾よりは少し狭いぐらいですね。川は日光の辺りから東京湾に注いでいるようなイメージのスケール感覚です。

分かりやすいのでピアーヴェ川を事例に話したいと思います。ヴェネツィアというのはそもそも、湿地帯の中に突如

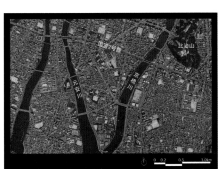

◀ 地図を積み重ね場所を読み解く

として現れた都市空間みたいな感じなのですが、ここが
なぜできたのかというのを読み解くのに、おそらくテリトー
リオという考え方をした方が良いのではないかというところ
です。ヴェネツィアを支えてきた周辺地域の役割について
見ていくということですが、ヴェネツィアがどうやってできた
のか、本土からものすごくたくさんの川が注いでいます。
とても多くのいろいろな川があって、その川が土砂の堆積
を運んできます。川がたくさん流れていると土砂がどんど
ん積もっていきますので、それで土地ができていく。そし
て海の波で削られて、特有な地形ができていきます。考え
られているのは、ポコポコ島が浮いている状態ぐらいだっ
たものが、人間の手でだんだん密に建てられて
いったということです。1500年にはもうほとんど
ヴェネツィアという都市ができていますが、もっと
もっと密にやって、航空写真で見るようにこんな
に密にできている。これに皆さんよくご存知の代
表的な風景を持ってきています。ヴェネツィアに
できている橋とか小さい運河ですね。直接建物
ができている。こんな不思議なまちがどうやってできたのか
というのを読み解くために、テリトーリオという概念を持っ
てきたらどうだろうかというところです。実際には、建物の
下は全部木杭と言って、全て基礎を打っているのですが、
本当にたくさんで地下は森と言われていますけど、それ
くらい木がたくさん埋まっています。その上に石を築いて
いって、煉瓦を積んでいって、こういう形でまちができてい
るわけですが、これは大学ですね。貴族の邸宅が大学に
なっていて、床が石で壁が煉瓦で梁に木造があってこう
いう感じでできています。そういう建築資材がどこから来
るのかという話ですよね。ヴェネツィアの周りは本当に水が
張っているところなので、その中でできるわけではないし、
どこかから持ってこないといけない。そこで今まで言われ
てきたのが地中海で、こちら側の事ばかり語られてきまし
た。海から建築資材を持ってくるというのは間違いではな

いのですが、アドリア海の向こうからいろいろな物資が来
るという、そちら側の視点が本当に多くて。だからヴェネ
ツィアは海洋都市国家ですごいなということをずっと言わ
れ続けてきたので、私が今日発表しようとしている大陸の
方の地域というのは全然見向きもされない。地元の人は
知っているだろうけれど、「そんなに威張ることではない
し」というくらいの感じで、むしろアドリア海側の方からたく
さん物資や商品や交流とか文化など来ているという話が
ずっと語られてきたのが、現在まであります。

そこで、私の方で川との繋がりを見ていきたいなという
ことで、これはシーレ川という違う川ですが、産業としてこ
こは主に製粉、小麦を挽いていた地域で、ブレン
タ川では飲料水などもありますけれど、今日の
メインがピアーヴェ川流域というところです。木
材が豊富なところで、先ほどの木杭のところで
すね。造船も有名です。このピアーヴェ川はどう
いう川なのか。森がたくさんあって川があって、
今は本当にとても穏やかな場所で、川辺ではピ
クニックみたいなこともしているみたいですが、ここをどう
やって読み解くかという話です。それぞれの地域でここの
木材を使ってヴェネツィアの都市を築いてきたという話は、
それぞれのまちであります。その点を郷土史と言って、そ
れぞれのまちでそれぞれの村で、「自分たちはヴェネツィ
アを支えてきたんだ」という話は聞くのですが、それが全
然繋がっていないというのが現状です。イタリア人は自分
のまちが大好きだけど隣のまちは見ない、見ないといった
ら大袈裟ですが、あまりそこまで隣の村を評価するという
のはなかなかないので、本当に全部がばらばらです。だ
からそうではなくて、全体を繋いでみたいということで一
つピアーヴェ川という軸を提案して、そこでどういう風な地
域交流というか文化形成というか、木材産業が成り立っ
ていたのかというのを見ていきたい、見ていこうということ
をしています。だから、イタリア人に逆にこれを見せた方が
「え?」と思われることなんですけど、そうい
うことを実はやっています。

森はいろいろあって、これは共和国が管
理した森なのでこういう森があってそこから
木が届くという話ですね。これは造船用の
森ですね。船体といって船用とかオール用
とか、いろいろな漕ぐ材によって森も管理さ
れていた。それが伐採して丸太のまま運ば
れていく。そこで川の支流の方ですね、注
ぐ方のところにたくさん丸太が貯められて
一気に運ばれるという、水門みたいな装置
があったりとかします。丸太がとても多く届
く場所というのがここにあるのですが、上
流から丸太がどんどん送られてきて、ここ

▶ヴェネト州、関東地方、中国地方の比較

研究対象地：イタリア

ヴェネト州、関東地方、中国地方の比較

ヴェネト州からトレンティーノ＝アルト・アディジェ自治州	東京都周辺 関東地方	広島県周辺 中国地方
ラグーナ 表面積：550km²	東京湾 表面積：922Km²	広島湾 流域面積：3743km² 海域面積：1043Km²

で塞き止められます。ここに人間がいて、この人たちが木に印を付けています。この木はどこどこで切った、誰々のものという感じで印が付いていて、その印を見ながらこの人たちが仕分けをするという、ものすごい作業ですけれども、結局ここに流れるまでに木と木がぶつかり合って傷ができすぎて、印を付けたけれど読み取れない。そこでこのまちでは、そういう読み取れない木材が豊富に集まるので、意外とこの村がリッチだったという話もあります。仕分けして、今度は製材所が分散しています。どこの製材所にどの丸太を運んでいくかという、それも川で運んでいくのですが、そういう仕組もあります。古い家には、今でもこれがステータスとしてあったりします。だけどそのマークが、例えば、今で言うGUCCIとか、PRADAとかそういうブランドみたいな感じで、それぞれの製材所で丸太になる時にまずはこう傷を付けて、自分たちのブランドとします。そして製材所に持って行った後も、今度は製材所のブランドが付いていきます。だからヴェネツィアに行った時に、いやヴェネツィアに限らずイタリアに行った時に、木造の家などを見たら古い木かどうかというのはすぐに分かります。傷があるかどうか。

　製材所の次は、木材を運ぶという話があるのですが、今度は製材したものをいかだに組んで運んでいきます。いかだに組んでリレー方式でここまで運ぶ。ここから今度は違う人たちが運ぶというリレー方式で木材を運んだというのが分かっています。今でいう宅急便みたいなものですよね。ここからここまでクロネコヤマトで運ぶみたいな。それをリレーで受け継いでいくというものです。それが五ヵ所あったみたいですね。いかだの上にもいろいろなものを載せます。木材を載せる場合もあるし、ワインなどもあります。そして途中で税金を取ったりという感じでヴェネツィアまで届きます。このように木材産業というものを繋いでいくと、ヴェネツィアを支えた地域がどのように成り立っているのかというのが分かってくる。さらに、いかだに載せて木炭を運んでいましたし、石材も鉄も運んでいた。本当にいろいろなものを積むのですが、商品まで目を向けるともっともっと広範囲に地域像というものを描けます。

大きな枠組みで建築の都市、地域の枠組みを考えていく必要があると思っています。

▶ テリトーリオの再構築
　大きな枠組みで都市と地域を考える

　ではそこから、日本でどういうことが考えられるのかということで、ぜひ建築雑誌の5月号を読んでください。ここでも発表しています。瀬戸内ではどういうことが描けるのかとチャレンジしたのですが、瀬戸内というのは舟運で成り立っていたというのは皆さんご存知のことだと思います。例えば、古代の舟運があって、後に北前船の航路が整備されて、いろいろな寄港地があってというのを1930年代ぐらいまではかなり活発に舟が使われて、交流がありました。さらにここには川がたくさん注いでいます。こういう地域でもお酒とか米とか、そういうものが運ばれていた。あるいは商品ですね。だから、そういう地域のつながりというものは個々にあるのではないかということを見ていきたいと思っています。

　例えば、製塩業で成り立っていたところも、塩田といって、瀬戸内海だけではなくて労働者に目を向けていくと、内陸にいる労働者の人たちもいます。その人たちが塩田に出稼ぎに来ています。また、薪を集めるところですね。塩田は結構火を使うので、そういう薪を集める場所も内陸と繋がっているということが分かりますし、先ほども少し触れた舟運。これ重伝建です。津山という重伝建があるところは、なぜこんなに奥地で栄えたのかということを考えていくと、実は瀬戸内と舟で交流があったからこういう奥でも栄えることができたということがだんだん分かってきました。

　最後のまとめになりますが、そういう意味では、そういう個々の小さいテリトーリオと言っているのですが、実際にはかなり大きい広い範囲です。小さいテリトーリオが無数に積み重なりあって、そういうものを読み解いていって、最終的には大きい瀬戸内のテリトーリオというものが見えてくるのではないかというところで、「テリトーリオの再構築」と名付けていますが、そういう大きな枠組みでこれからは建築の都市、地域の枠組みを考えていく必要があるかなと思っています。ありがとうございました。

ピアーヴェ川流域

木材産業、製鉄業、製塩業、神事などの各テリトーリオの空間形成を読み解き、新たな瀬戸内の枠組みを提示する。

瀬戸内テリトーリオの再構築

［トークセッション］
建築。都市。テリトーリオ
それぞれにおける歴史的空間の再編

講演者3名の記念講演を踏まえて、モデレーターの松田達氏を加えた4名で
トークセッションが行われた。後半では塚本由晴氏から問題の再提起が投
げかけられ、議論はさらにヒートアップ。密度の濃いトークが繰り広げられた。

松田 これからトークセッションに入りたいと思います。前半では、平田先生、中島先生、樋渡先生から、それぞれ非常に興味深いお話を聞かせていただきました。今回のタイトルは「建築・都市・テリトーリオから見る歴史的空間の再編」ということです。気づかれた方もいるかもしれませんが、今回のテーマ設定には、平田先生に「建築」の視点から、中島先生に「都市」の視点から、樋渡先生に「テリトーリオ」の視点から、それぞれ語っていただくという意図がありました。もちろんそれだけの単純なものではなく、この3つの分野の絡みこそが重要だと思うんですね。さらには、この後の歴史的空間再編コンペティションの審査も、例年通りであれば、このトークセッションでの話が影響してくるかもしれません。それでは、前半の先生方のお話を、私の方で簡単に少し振り返っていきたいと思います。

平田先生からは、太田市の美術館兼図書館、八代の

プロジェクト、それから台南のプロジェクト、この3つのプロジェクトの話をしていただきました。太田市では「生態学的ニッチ」という言葉を取り入れながら、ワークショップの話にも言及されていました。このワークショップですが、太田の場合は自分たちの子どもの世代を考えてのものだったのに対し、八代の場合は、より長いスパン、歴史的に自分たちが生まれる前の世代の記憶を考えながらのものだったというところが、両者の違いだったと思います。台南では、層状に丘を重ねていく建築が紹介されつつ、赤い土とか煉瓦とか、そういうものが実は複数の視点で見られるというハイブリッド的に物事を見る視点について話されていました。最初は歴史にあまり関心がなかったところから設計をはじめたが、設計をしていくと歴史が面白くなってくるというお話も印象的でした。

中島先生のタイトルは「歴史的空間の再編のための都市計画的読解」というものでした。歴史的空間と都市開発が、つねにVS化する、もしくは対比されるものではないか、という問いが投げかけられ、例としてニューヘイヴン、

藤沢、高島平の3つの都市が挙げられました。ニューヘイヴンの中心地は中心が緑地の3×3の格子状になっていますが、その周辺が1950年代から70年代にかけて再開発されクリアランスされていった。しかし、その後それをさらにクリアランスしてよいのかどうか、「クリアランスのクリアランス」はよいのかという問題があがりました。歴史の不連続性について考えさせられるお話でした。藤沢は中庭型都市計画について話されましたが、街区が再編された時、空間的にはプランが大きく変わる不連続点に見えるけど、実は空間の権利関係という視点で考えると逆にそこには連続性が見えるというお話でした。実に発見的な視点ではないかと思います。高島平も、空間の権利から考えていくと、単に50年の歴史で出来上がったわけではなく、それ以前の長い歴史も含めて、持続的に再編が重ね合わせされることによって出来上がってきたと分析できるというお話だったと思います。建築的な思考だけではなかなか見出されない考えで、大変刺激的な内容でした。

樋渡先生からは、大きくトレヴィゾ、ピアーヴェ川、瀬戸内の3つの地域の空間史についてお話をしていただいたと思います。トレヴィゾとピアーヴェ川は、どちらもヴェネト地方に位置する都市と河川です。トレヴィゾでは水車の跡から製粉所のことなどさまざまなことが読み解けていくというお話がありました。ピアーヴェ川の話では、川をたどると木材の移動過程が分かり、さらに木材に刻まれた傷やマークからも多くのことが分かるというお話でした。瀬戸内でもテリトーリオという視点から、建築や都市とは異なるもっと大きな領域の空間を読み解いていけるという話がありました。建築と都市のセットで普段物事を考えている自分からすると、はっとさせられる視点です。テリトーリオという言葉の訳し方は難しいと思いますが、「地域」や「流域」という言葉に近いと思います。こういう観点から考えていくと、ある街がどのように成り立ってきたのか、実は隣の街と関係があるとか、これまで都市の範囲まででクローズドに考えていたものが、より外側に開かれるような、そういう視点を提示していただいたと思います。

少し個人的なことをお話しますと、私自身は、建築と都市の両方の領域で活動しているわけですが、フランスに行ったときDEA（デーウーアー）という博士準備課程のコースに入りました。そのときの専門の名前が、「Urbanisme et ses territoire」（ユルバニスム・エ・セ・テリトワール）という名前でした。ユルバニスムは英語でいうとアーバニズム、つまり都市計画で、テリトワールは領域なので「都市計画とその領域」という風に訳せますが、今日のお話を聞いて、これはそう簡単に訳せないなと思いました。「ユルバニスムと地域」あるいは「都市計画と地域」とでも訳すと、途端に印象が変わってくるわけですね。もともとは都市計画のことだけのように見えていたのが、建築・都市・テリトーリオの後2者を含めた分野のようにも見えてくるわけです。フランス語のテリトワールは、領土の意味も地域の意味もあるので、英語とイタリア語の中間的な感じかなと思いました。そういうわけで、今回のテリトーリオを含めて語るこのトークセッションは、自分にとっても大変重要なテーマだなと思っているわけです。

層を選び取るのではなく絡ませていく 歴史的再編は運動であり繰り返される

松田 さて、これから議論に入っていきたいと思いますが、まずそれぞれの先生方から、他の先生のプレゼンテーションを聞かれて思ったことを、一言ずつお話いただければと思います。平田先生からお願いできますでしょうか？

平田 難しいですね。まず、僕のプレゼンテーションの内容としてもう一つ補足すると、建築をつくること自体の中にも歴史性が入っているという入れ子構造があって、都市をつくるように建築を設計するということがどこまでできるのかということも今、結構関心を持っています。そこにはミニチュアな歴史性が入っているような気がしていて、そのことともう少し大きなスケールの歴史性みたいなものとがどこか関係しながら、展開できるのではないかという予感のようなものがあるということが一つあります。

また、テリトーリオの話を聞いていて思い出したのは、三沢勝衛という昔の地理学者がいて、彼は地理学の対象として建築や民家までも含めて地理学の対象と言っていた。長野県かどこかの高校の先生だったのですが、そういう人がいたのです。僕も本を読んだことがあるのですが、彼の風土の定義が「地表面と空気の接面である」というようなことを言っていて、「地表現象」という言葉を使って「民家のごときものは地表現象の最たるものである」と。要するに、何かそこの場所の風土との接面の部分に起こる現象として、人間の活動も全部、地理学の対象として足り得ると言っている。僕はそういう視点がすごく好きなので、「自分は例えば屋

根と山は同じだ」と、両方とも水が流れるという原理によってできているからというような話をしていたので、すごく共感できるなと思ったのですが、その時に彼の、地表現象とそうでない建築、要するに少し外的な要因でできていて地表現象の一部と見做せない建築の間に線を引いているのですが、その定義が非常に曖昧というか、よく読むとそんなに徹底していないのです。絶対地表現象とそうでない建築の線を引けないのです。確かに、どこか降って沸いたようなミース・ファン・デル・ローエの建築みたいなものはもう地表現象たり得ないのかもしれない。一番曲の部分というのははっきりしているのかもれないけども、その間というのは非常に曖昧だと思うのです。

中島さんの話を聞いて、どれかの層を選び取るのではなくて、層を絡ませていくというか、そのことによって人間の活動であったとしても、より自然に近いような豊かさを持つのだという話も非常に共感できるなと思いました。しかし結局、建築の作り手としての意志というのは、そこの中にどういう位置付けで入っていくのかということにやはり興味があって、例えば豊臣秀吉が絶対真っすぐだと言って、真っすぐな道を大阪につくったら、それはある時にはそれまでの歴史を切り裂くものなのに、もう一回歴史になってしまう。あるいは、僕らが学生の時に、ブラジリアは都市計画として全然良くないと言われて、結構攻撃対象になっていたのが、最近は意外と評価が高く、それはもはや人間というのはどんな突き放された環境であったとしても住みこなしてしまうという生き物としてのたくましさを持っていて、そういう視点からしてみると、意外に良かったみたいなことになっています。

何が言いたいかというと、歴史の中で完全に今あるものを大切にするという視点だけで歴史がつくられていなくて、どこか切り裂くような、少し暴力性というかそういうものもある時に発現していて、それもまた一つの層を成しているという矛盾に満ちた部分があると思っていて、作り手として僕はその両方に惹かれるところがあります。もちろん、今あるいろいろな面白さみたいなものの中に絡まっていくことの面白さは、とても限り無くあると思うのですが、「切り裂きたい」みたいな気持ちもどこかにあって、それがだめなのかというのは結構複雑な問題としてあるのではないかというのが、若干変な視点から見た僕からの問題提起として最初に話しておきたいと思いました。

松田 中島先生のお話と重なるところを的確にお話しいただき感謝しています。「層を絡ませる」という言葉が、まさに中島先生のワード（層）と平田先生のワード（からまりしろ）を絡みあわせた言葉になっており、今回の議論の核

心に触れる部分ではないかと思います。また、歴史を新たにつくろうとして、これまでの歴史的な流れをある意味、切り裂こうとするような視点で何かものをつくったとしても、それも歴史、つまりは新しい「層」になってしまうというところは、まさに歴史というもののなせる矛盾に満ちた部分なわけですね。歴史を切り裂こうと思っても、それ自体が歴史に取り込まれるという。そういう矛盾もすべて取り込んでいくことができる「歴史」をどう考えるかということは、この歴史的空間再編コンペティションのシンポジウムにおいて、大変興味深いテーマに感じます。中島先生からはいかがでしょうか?

中島 今の平田先生の問題提起に直接答えられるという感じはしないのですが、確かに特にモダニズムはある種の時間性を否定してつくられたのに、それが今、完全に保存の問題になっていたり、継承されるというのは矛盾ではないのかという言い方もできます。でもやはり建築家とか、その思想を超えた時間の持つ力というか、本質的なものがそこに影響しているのだと思います。少し話が横に逸れるかもしれないけれど、平田先生の話を聞いていて思ったのは、最初の「からまりしろ」のところで昆布に絡まっていってだんだん昆布が岩にくっ付いていくという、いわゆるそれも歴史ではないかとおっしゃっていて、確かにそうだという気もしたのですが、それはある意味で時間軸を持っているというか、そういう意味で歴史と呼ばれたと思います。しかし私もそういう見方もあるし、そうだと思うのですが、やはり歴史というのはある種のルッキングバックというか、ある時点から常に省察というか、振り返る行為としてあるので、単純に物が時間軸を持っているから歴史だというわけではなく、歴史はやはり歴史を見る人がいて、その人が何らかの視点でその生成とか物事の時間軸の動きを編集したり整理したりしているわけですよね。そういう意味で言うと「からまりしろ」の話というのは生成であり、時間を持っていると思うけれど、そこをもう一回絶え間無くそれを振り返るプロセスが無いと歴史ではないのかなというのを感じました。私のイメージが上手く伝わらなかったかもしれないけれど、一回きり何かやったら歴史の再編ではなくて、常に歴史的再編というのは運動であって、常

歴史を切り裂くような暴力性もまた 一つの歴史の層を成している。——平田

にそういう思考が繰り返されるようなイメージです。例えば何か切断をするような時も、その切断が長い大きな歴史の中で何か問題があるかどうかというよりも、その時点でどうその切断をどういうストーリーというかヒストリーの中に位置付けるか、それはまた時間によって、振り返る時点によって物事の意味の位置付けとかは変えるけれど、ただその人間の自らの蓄積とか歩いてきたところを自分なりにストーリーとして解釈するというその認識の仕方と、歴史的空間の再編というのは関係しているのではないかというのが私の意見だったわけでした。だから重ね合わせとかハイブリッドという言葉で、平田先生から私もすごく刺激を受けました。

脆弱な都市に求められるテリトーリオ
異なる領域をつないでいく

中島 樋渡先生の本は私もファンでして、なぜあれがとても重要かというと、そもそも都市のことをやるときに都市というのは不完全なものなのですね。都市というのは人間が都市だけで生きていくことは絶対できなくて、食料も無くてエネルギーも無くて、要するに生産機能が元々無くて消費に偏っているけれど、それを周りに支えてもらっているのが都市なのですね。そのことが今問われているというか、都市の脆弱性、特に3.11以降ですが、エネルギーの問題とかいろいろな問題で都市が少し危ないのではないのか、根っこが無くて危ないという問題意識の中で、もう一回日本的文脈ですけれど、先ほどの領域という言葉、テリトーリオというのが求められているのではないかと思います。もう一回その都市と周りの農村とかそういうところとの繋がりを再構築していかないと都市自身がおそらく危ないというか、持続性が無いということに気付いたということだと思っています。そういう意味では歴史的な視点で調べたり調査されていたりするのですが、そのことが我々の地域とか都市をどうするかという未来に向けた問題提起としてむしろ受け止めるというか、私は受け止めたいというように思ったわけで、だからすごく重要な問題になっているということです。

松田 ありがとうございます。大きくふたつのご指摘があったように思います。最初のコメントは、歴史とは時間の流れや蓄積そのものではなくて、ある時間の流れをどこかの時点で振り返って、メタレベルから見て時間軸を編集して整理するプロセスによってはじめて「歴史」が生み出されるのではないかというご指摘だったかと思います。もうひとつのコメントは都市とテリトーリオに関するもので、都市は必ずしも単体で成立しているわけではなく、特に様々な災害によって都市の脆弱性が浮き彫りになった時、テリトーリオというより包括的な領域とのつながりを考える視

点が重要になるというご指摘だったかと思います。それでは、樋渡先生からもコメントをいただければと思います。

樋渡 はい。聞きなれない言葉ですけどテリトーリオはイタリア語で「地域」と私は訳していますが、だいたいは領域と訳されますね。領域と訳してしまうとそこで境界線ができてしまって、領域内外でどうなのかみたいな議論がされるのですが、そういうことではなくて、もう少し緩やかな、できればグラデーションのような感じで曖昧な方が良いのではないかと私は思っています。それで地域というふわっとした訳を当てているところです。その方が内外でどうのこうのというのではなくて、もう少し緩やかにどういう風に繋がっていたのかとか、どういう風に重なりがあるのかとか、そういういろいろな視点で、例えばこの人の視点で見るとこういう地域が見えるとか、いろいろな枠組みを提示したいというのがまずあります。そういう理由でピアーヴェ川という一つの流域で見ましたけれども、また違う人から

見たらそれは違う地域論が描けるわけで、行政がやる都市計画とは違う、人間の手でつくり出してきた枠組みで考えたいというのがまず大前提としてあります。

そのように見ていくと、平田先生のお話でも建築家もそういう時代に来ているということに非常にびっくりしました。まず地域の、先ほどのレンガとかの話をしていましたけど、地産地消という言葉で言えばそうなのですが、そういう伝統的なものをきちんと認識して、それをどう取り込むかという話です。それから一番驚いたのが、日本軍のつくった道路の中に実はもとの土着的な、自然発生的な道というものをきちんと理解してそれを建築に取り込んでいるというところです。非常に共感を覚えたというか、こういう方々にぜひ日本をもっともっと考えていただければ、今まで敷地だけで考えていた世代とは全然違う、もう少し広がりのある場所や空間ができるのかなと思います。本当にこういう場が私にとっては非常に嬉しいので、コンペというと今までは敷地とか建物だけで考えていくというものでしたが、こうやって都市空間に落としたり、歴史をきちんと振り返りなが

らやるコンペというのは本当に非常に嬉しい機会なので、この場に呼んでいただいたことに感謝しています。中島先生のお話と重なる部分もあったので、準備してきたトレヴィーゾの話は半分に削りました。地図を重ねていってその場所を読み込むという話は中島先生に委ねて、少し違う新しい都市の周りにどのようなものが展開できるかというところに時間を割きたいと思いました。今日はできれば都市だけではなくて、その周辺に広がるものが建築にどう返ってくるのかというところを議論したいと思っています。

松田 ありがとうございます。「テリトーリオ」という言葉は、前提知識なしに聞いてもすぐにはその概念が分からないわけですね。英語でテリトリーというと、領土とか領域という意味ですが、「領」という言葉が囲い込むというか境界をつくってしまうイメージがあると思いますが、「領域」ではなくて「地域」という言葉に訳しているというところは非常に興味深いところです。テリトーリオという言葉によって、

境界線を超えていくような空間概念の新しい地平があるということかと思います。歴コンは今回でもう8回目になりますが、昨日の二次審査で見た作品だけではなく、いま思えば過去の作品のなかにもまさにテリトーリオ的な文脈から読み解いていけるような作品がかなりあったように思います。テリトーリオは、今回だけではなくこれまでの歴コンの作品も読み替えるような可能性を持っているわけですね。

さて、樋渡先生、中島先生、平田先生のお話がそれぞれリンクするところが少しずつ見えてきたと思います。テリトーリオに関連して、樋渡先生にもうひとつお聞きしてみたいことがあります。先ほど平田先生から地理学のお話がありましたが、樋渡先生にとって地理学という分野と、樋渡先生が専門とされているところとは何か関連はあるのでしょうか?

樋渡 地理学の方から建築に近寄っているし、建築の方から地理学に近寄っている感じです。それを表しているのが、先日フィールド調査で小豆島に行ったのですが、先

生と学生の団体が、アンケート調査を行っていたので、専門分野を尋ねたところ、地理学だったのです。フィールドも同じで、見ている対象も同じ。だけどアウトプットが違うと思います。建築としては、最終的には建築空間に落とし込みたいですよね。GIS（Geographic Information System、地理情報システム）を使って位置情報などを把握するような、私たちがむしろ地理学に歩み寄っていることもあります。あとは人間を対象にしていますので、人類学にも似ているところがあります。どういう分野でやるかというよりも、いろいろなものを見ていくというのが重要なので、各分野をまたぎながら見ています。テリトーリオの視点で考える場合にはいろいろな分野、たとえば社会学や経済学も重要ですね。人、モノの移動がどのように行われているのか地域的広がりを見る必要があるので、そういう分野も参考にしています。学問で領域をバシッと決めるというよりかは、いろいろな分野と共同作業をしながら新しい枠組みをつくっていきたいと思っています。

松田 なるほど。私がフランスにいた時の指導教員の先生が実はもともと地理学の先生で、ヨーロッパでは地理学と建築や都市との距離の近さを感じていたのですが、平田先生や樋渡先生の文脈からも、地理学と建築や都市との関係は問うていくと非常に面白そうだと思えてきました。そして樋渡先生がおっしゃったように、そもそもそういう領域をつくって区切るよりも、異なる領域をつないでいくことに可能性があるということなのだろうと思います。

切断から歴史が生まれる
時間軸で見ると異なる見方に

松田 次に平田先生にもう一度お伺いしたいと思います。先ほど中島先生から、「時間」と「歴史」の違いについてのお話がありました。歴史は時間を振り返るところに生成するというお話だったと思います。平田先生の「からまりしろ」がもつ時間軸と、事後的に生まれる歴史との違いについて言及されていたわけですが、平田先生の方からはいかがでしょうか?

平田 意識の問題だと思っていて、人間だけが意識的に何かを見るということの中に、生成だけではない反省的視点があってそれが歴史なんだという話で、基本的にはそう思うのですが、その一方で、もしそういうことだとある種の切断性が介在するということが歴史なんだという、ちょっと矛盾のある言い方に近づいていくような気もしています。つまり、何かそれがそのままずーっと絡まっていくというのだったら自然の生業とあまり変わらない。そこに何か意識的な切断があって、要するにそれである不連続性が生まれるから歴史が生まれるという話にも繋がるような気もしていて、面白いなと思って聞いていました。

松田 確かにこのお話は、つくり手側の視点から考えていくと少し異なって見えてくるわけですね。つくり手側はある意味つねに歴史をメタレベルから見る立場ではないわけですが、その中で歴史を切断したり転換させたりする行為をしていくと、逆にそれが歴史になるという不思議な矛盾が発生するわけですね。つまり歴史を否定するような行為も、結局いずれは歴史に包含されるということになってしまう。そうなると歴史を大事にする、歴史を継承するという方向性も、歴史を否定するという方向性も、いずれも結局歴史になるのだから、歴史性のようなものを肯定すればよいのか否定すればよいのか、結局どちらもよいということにもなってしまうような気もします。樋渡先生や中島先生から、この点についてはどのように思われるでしょうか？つくり手と対話をしていくという時に、歴史をどう考えればよいのかということは大事な問題になってくると思います。

中島 私も都市計画をやっているのでつくり手でもあって、建築をつくったわけではないのですけども、地域でそういう判断を迫られることはあります。確かに難しいというか、結局これは一般論ではないのです。おそらくケースによって違っていて、だからその切断が許容される文脈というかそういう場所もあれば無い場所もあって、切断が一概に良いとか悪いとかそういう話ではないし、先ほどの話に乗せれば、切断そのものも何かその地域のある種の歴史的な見方に乗ればそれも別に可能だけど、その後やはりある種の歴史的な展開の中でやっぱり切断がおかしいというのもあって、そういうことの議論をしていて、別に一概に切断がだめだと言っているわけではないということと、今の話はこれも哲学の中ではよく言われているというか、古典的な議論があって、要するに出来事が起きなければ歴史は無いのかという議論なのです。

何も起きないと歴史は無いかどうかという議論はずっとあって、我々はどうしても歴史というと出来事とか何か切断なんですよ。出来事があるから歴史が認識できるという見方もあるけれど、では何も起きなかったら時間は流れているかもしれないけれど歴史ではないのかと。おそらく今我々が挑戦しているのは、生成とかもそうですけども、出来事みたいなもので地域のストーリーをつくるのではなくて、それは細かく見ていくことだけれども、もっと小さな出来事というか、例えばあの建物の一個一個の形成年代にはいろいろな年代があって、それがまちをつくってというのは、道路ができたとか公園ができたとかではなくてもっと小さなもので、大きく見てみると比較的何も起きない、出来事は無いけどまちの歴史が語れるとか、そういうことに近づけようと思っているのでその辺りの議論と繋がるのかな

と思いました。

平田 一言だけ、僕がなぜややこしいことを言っているかというと、学生の皆さんはやはり歴史というものをとても重く感じているから、こういう話をストレートな話だけでこうしていると何もできないような気分になる人もいるのではないかなと、僕なんかそうでしたから。そこでどこか小さな切断でも良いのだけど、そういうことも歴史をつくっていくという少し気楽になる部分も無いと本当の意味で歴史が起こっていかないというか、そういう部分もあるから、そこら辺は結構大事かなというのも本当は言いたいことの一つです。

中島 自分では思っていても切断できていないことが結構ある。ニュータウンとか特にそうして、あれはものすごくゼロから、完全にかつてのものを消してつくったように見えても、やはりかつてのものが残ってしまうという、そういうのもありますよね。言い訳ではないですけど、人間は簡単には空間とか時間とかを切断できない気がします。どうしても何かが残る。それは歴史家とかは後で見てそれを継承性だとか言って私みたいに議論するけど、建築家の皆さんはもし切断するのが怖いというのであれば、「大丈夫、建築家は切断できないから」と私は言いたいような気もするのですが……

樋渡 そういう意味で言いますと、例えば、農業開発はイタリアでも中世からあるのですが、実は1930年代に農業開発されたところも含めて文化的景観と言って、世界遺産になっています。そういう意味では後々の時代の人がいろいろどう評価するのかというところもありますし、時間の流れの中でどんどん人の手が加わるはずで、例えば建築家が一度切断したとしても、その後の時代の人がどう付け加えるかとか、時間がずっと経っていくとすごく評価されるといったこともあるので、そこでは切断だったかもしれないけれど、実は連続していくということが、実際イタリアでもあります。時間軸で見ていくと実は切断が切断ではなかった、というところはあるのかなと思います。

松田 先生方の話を聞いていて非常に面白いと思ったの

「大丈夫、建築家は切断できないから」と私は言いたいような気もする。——中島

は、ある意味時間軸を微分化して細かく見ていくと、先ほどの中島先生の建物の形成年代の話のように、これまで切断だと見えていたものが実はそうではないように見えてきたり、逆にいまの樋渡先生のお話は、長い時間軸のスパンで見た時、いわば積分的に物事を見ていった時に、長い年月の積み重ねによって世界遺産になったり、あるいは違う評価が得られるということがあったりするということです。現在の時間軸から物事を見ると切断だったり繋がったりしているように見えるものが、時間軸のスパンを変えることによって、まったく異なる見方になるということを、先生方がおっしゃっていたのかなということを感じました。

空間を追いかけ登場した近代建築 空間を今どう扱うのか

松田 ところでこのトークセッションでは、毎年お題にかたちを与えてくれている塚本先生に途中でコメントをいただくのがもはや恒例になっています。今年もぜひこのあたりで塚本先生からコメントをお願いしたいのですがよろしいでしょうか?

塚本 三人の先生方の話の間にはいろいろな関係性があると思います。中島さんのおっしゃる都市の歴史的連続性を形成する上で欠かせない、自分自身が都市の作品であると思えるような人々は、平田さんの八代の妙見祭に関する施設のワークショップに登場する人々ですよね。みな当事者意識を持って、新しい施設の在り方の議論に飛び込んで行くわけです。祭りみたいなものは、自分自身が都市の作品の一つであり、その都市を繋いでいく人材になれるように機能してきたと思うのです。それに対して、産業

革命以降に、それまで考えられないような高い生産能力を手に入れた人間が登場し、地域の資源循環や事物連関を解体するほどの大きなインパクトを与えていきます。

中島さんの話にあった高島平は、崖線から荒川に向かって縦に伸びる形で成立していた集落を、横に繋いで串刺しにする計画でした。もはや個別の集落意識でやる時代ではないという認識から、複数の集落を融合させようとした。そこには近代的な自由や平等の理念が投影されていると思います。先ほどの議論に照らし合わせれば、それは切断であり、かつ50年を経た現在は歴史の一つの層になっています。樋渡さんの、ピアーヴェ川の話は、ヴェネツィアの形成時期の話なので、産業革命以前です。では産業革命の前と後で、テリトーリオの流域性や事物連関がどう変容したのか?そこが一番知りたいところです。もちろん切断は歴史的に何度かあったと思うのですが、特に産業革命以降はそのインパクトが桁違いになります。世界遺産になっている1930年代のイタリアの農地改革は、地域の資源を上手く利用した改変だったのかなと感じました。

私が産業革命以前と以降にこだわるのは、今日ではあたり前になっている建築と空間という概念の結びつきが、その頃に始まったのではないかと考えているからです。産業革命で人間が手に入れた強大な生産力を十分発揮するには、明日は昨日と違わなければなりません。そのためには、それまでの封建的な社会や農村社会のネットワークは足枷で、そういうのではない「何か」があると感じられる必要があったはずです。そのわからない「何か」を捉える概念が空間だったのではないでしょうか。それは同時に、自由やら平等やら民主主義やらがあり得ることを人々が考えられるようになる時代でもありました。地縁や血縁、家族が背負ってきた歴史、あるいは地域固有の事物連関などから解放された人々の想像上の居場所を、とりあえず空間ということにしたのではないでしょうか。そうした解放の先にある何か明るさのようなもので

ある空間を追いかけ、物質化しようと登場したのが近代建築だったのではないでしょうか。

しかしそれは事物連関の切断やメンバーシップの開放でもあるため、物事が空間だけで組み立てられるようになると、人々が当事者でいられる余地が社会から失われていきます。それは八代の祭りに当事者性が宿り続けていることと対比すれば明らかです。祭りは、祖父から父へ、父から自分へ、と閉じたメンバーシップの中で世代を超えて受け継がれるからこそ当事者性が宿るわけで、それは空間が

▲塚本由晴氏(東京工業大学大学院 教授／アトリエ・ワン)

担った役割ではないですよね。そういう意味では祭りは空間に対抗してきたとも言えます。

このように産業革命以降に出てきた空間という概念を軸にすると、今日の議論の骨格が強まると思いました。樋渡さんは空間以前の流域の事物連関を、平田さんは、歴史的連関を切断する空間の自由を、中島さんはそこに生じる切断も50年経てば歴史の一部になること、それでも崖線から川へ続く地勢に基づく旧集落の構造は切断できないことを報告してくれました。

では21世紀の建築の設計や都市の計画は、こうした問題にどう向き合えば良いのでしょうか? 中島さんや平田さんの話からは、空間で切断したとしてもそれは結局再歴史化するという認識が伺えます。これは若い人を勇気付ける良さがある反面、20世紀と同じやり散らかしではないかという批判も免れない。今起こっている地球規模の危機に対しては楽観的すぎるかもしれない。例えば、農業が主たる産業のアメリカのアイオワでは、ジェファーソン・グリッドにあわせて農地の中を道が走る風景は昔からそれほど変わっていないように見えますが、化学肥料と大型農業機械の導入により、農地面積は変わらないのに農業人口はすごく減り、かつ2mあった表土は40cmまで減っているそうです。耕し続けのため、雨水で表土が流出しやすくなっていて、化学肥料とともに川に流れ込み、下流にあるメキシコ湾はひどく汚染されています。こういうのも、歴史の一レイヤーになりますと言って良いのでしょうか? 後で「これも歴史だった」と言えないぐらいのところにまで来ているような気がするのです。もはや策の施しようの無いところにまで人々を追い込む強烈なパワーを持ってしまった産業に対して、当の人々が依存を深めていることがその根底にはあります。そう考えた時に、産業にとっての障壁を取り払ってきた空間というものを今どう扱うのか、建築、都市、テリトーリオのどの領域でも問われていると思います。

テリトーリオの背景
「空間」概念とテリトーリオ

塚本 そこで樋渡さんにお尋ねしたいのが、テリトーリオという概念は建築で議論される前に地理学とかで議論されていたのか? 建築で議論され始めたのか? 建築史、都市計画で議論され始めたのか? そのあたりの背景を知りたいです。中島さんの指摘にもあったように、3.11以降、テリトーリオという概念は非常に響くわけですね。福島第一原発でつくられていた電気が全部東京向けだったことが、津波を境に突きつけられるようになった。そんなことも気にせず暮らしてきたことへの居心地の悪さを抱えている今だからこそ、テリトーリオが日本で意味を持つように、イタリアでそれが語られ始めた時には、どんな背景があったのか

をお聞きしたい。

樋渡 テリトーリオというのは、一般名詞なので中世からある言葉です。その当時は「まちと周辺地域」といった意味でテリトーリオという言葉は使われていたので、元々イタリアにはずっとある言葉という感じで捉えていただきたいです。それと、都市計画で初めてテリトーリオが真剣に考えられた背景ですが、それは、一つは1930年代というのもありますが、戦争の後というのも大きいです。その時に破壊された都市をどう見ていくかとか、その時はまだ領土というか行政区域の中で語られたのですが、それから周辺との話をどうするかという都市計画の中で議論され始めて、今私たちが建築で使っているテリトーリオの概念というものが、1980年代の風景論などを語る際に議論してきたものと繋がってきます。

少し背景について説明しますと、イタリアでも日本と同じように1950年代から60年代にかけて工業化が著しく、都

市へ人が流れ、田舎の方は過疎化していきました。その一方で、チェントロ・ストリコ(centro storico)と呼ばれる歴史的市街地ではビルが建っていき、古い街並みが壊されていくということが起こりました。その反省を早くも1960年代にしたのです。こうした背景から歴史的市街地を守っていこうという動きがありました。そして70年代には、そのチェントロ・ストリコを再生していって、蘇らせました。このような動きが都市計画のなかでありました。そして、1980年代、大資本というよりは、中小企業のような地域の資産を活かしながら発展していきました。同時期に、観光のあり方も変わっていきます。また、田園部や歴史的に育まれてきた小さい集落にも光が当たるようになりました。これは、バランスが崩れていた地産地消を取り戻そうとした動きです。こうした背景から、田園と都市が本来の結びついていた関係を見直そうということで、テリトーリオの概念が重要視されています。

1980年代というと、マクドナルドがローマのスペイン広場に出店した問題で、そういう資本が入ることへの危機

ヴェネツィアの人たちは領土の概念を今も受け継いでいるので、そうではない見方を提示したい。——樋渡

感から自分たちのまちをどう守るかとか、そこから食に対する考え方も見直されました。地産地消ではないですけれど、スローフードや、「自分たちの食を大切にしましょう」というところから農業を大切にしようといった感じで広域を見ていくという視点がいろいろなフェーズから出てきました。1985年に風景法ができるのですが、そこがやはり大きいですね。それで価値付けということが田園にも向けられていきました。こうして1980年代には、歴史的市街地と田園が重要であるという考え方が出てきました。

塚本 チェントロ・ストリコでは、歴史の素養がある建築家が知的なパフォーマンスを発揮し、その外側の郊外ではジオメトラという職業の人がプラグマティックな建物を設計するというのがイタリアの図式ですね。チェントロ・ストリコの仕事を通して、ティポロジアなどが出てくるのですが、それが一段落した後にテリトーリオが建築の問題意識に入ってくるということですね。でも空間が登場したインパク

トがテリトーリオ論の中に、どのように刻まれるのかに興味があります。先ほどのピアーヴェ川の木材の話は、綺麗すぎてそういうふうには聞こえなかった。

樋渡 ヴェネツィアを支えた地域はどの辺かという話ですね。その中で木材に注目すると、あのような地域像が描けるというところで……

塚本 それはわかります。

樋渡 はい。それをいろいろ積み重ねていって、どのようにまとまりが見えるかで、イタリア語に訳すとテリトーリオヴェネツィアと言って、本当に領土になってしまうのです。ヴェネツィアの人たちはむしろヴェネツィア領土を考えていくという概念をずっと脈々と今も受け継いでいるので、そうではない見方を提示したいというところです。

松田 塚本先生の問いかけは、テリトーリオの中に「空間」という概念がきちんと入って議論されているのかということかなと思います。

平田 切断にしても何にしても、産業革命以降とか空間移行のような枠組みをどう捉えるのかということを、ややこし

> すべてを歴史として捉えれば良いといったような楽観的な考えができなくなってくる。──松田

いけど、実はそれを考えないと一歩も前に進めない問いというのがあるよということですよね。学生のために言っておくと、空間という言葉だけだと少し分からなかったかもしれないけれど、どこでもありえる交換可能なものとしての均質な空間の話をされているのだと思います。テリトーリオというのはどこかに紐づけられて、どの一つを取っても他の場所との連関を切っては捉えることができない何かで、そことの質的な違いを空間という言葉でおっしゃっていて、今までの歴史の中で起こったこととは質の違う、産業革命以降の変化のことを空間という言葉で代表させているという流れとして読めばだいたい通じるのではないかなという気がします。

松田 ちなみに「空間」という概念は、土居義岳さんによれば建築の文脈では美術史家のアウグスト・シュマルゾーが19世紀後半にはじめて使い始めたそうです。言葉としてというより、建築空間という概念の誕生ですね。学生の皆さんは、「空間」は昔からあったと思うかもしれないが、概念としては実はかなり新しいものだということが、ここでの議論の前提としてあります。

先ほどの塚本先生のお話は重要だと思うので、もう一度確認しておくと、産業革命以後に「空間」概念が新しく誕生しているということでした。切断はそれ以前にもあったけれども、空間が誕生した産業革命以後に、その切断は激しく強いものとなる。産業革命による空間をベースとした生産性の向上が、切断を極めて行いやすくしてしまったということかと思います。だからテリトーリオの概念も、産業革命以前は「空間」概念がないので切断も弱いものでしかない。だから切断も歴史に取り込まれるという「再歴史化」がされやすい。けれども産業革命以後は「空間」が生まれ「切断」が激しいものとなるので、先ほどのアイオワの農業がメキシコ湾をひどく汚染しているという話のように、これもまた歴史化されますとは、もはや言えないようなところまで来ているということになる。すべてを歴史として捉えれば良いといったような楽観的な考えができなくなってくる。

ヴェネツィアのピアーヴェ川におけるようなテリトーリオが持つ流域性は、産業革命以前の状況であれば成立するけど、それでは「空間」が生まれた産業革命以後の状況において、本当に同じようなテリトーリオの概念が成立するのか?というのが塚本先生の問いの核心ではないかと思います。テリトーリオが産業革命以前の状況から生まれた概念だとすれば、産業革命以後の状況において「空間」概念を含めて考えた時に、同じようにテリトーリオについて議論ができるのかどうか、というところが問われているということかと思います。地理学はむしろ空間概念を前提にして19世紀初頭以降に成り立ってきたと思いますが、だからこそ地理学とテリトーリオとの関係が話題としてあがっ

たのではないかと思います。

持続可能性が建築に求められる
「切断してはいけない」という脅迫観念

中島　シンポジウムの面白いところは、前言撤回してもいいということだと考えておりますが、いろいろ塚本先生の意見を聞いて少し撤回します。「やはり切断したらだめだよね」ということです。私たちのやっている仕事というのは何かなと塚本先生の話を聞いて思ったのは、前の世代というか、今までずっと切断してきたものがあって、それをもう一度繋ぎ直すことはできるということをやっているのですね。実は私の仕事というのは、都市計画で何かをやってきたけれど、それはいろいろ頑張ればその地域のストーリーに乗っていって歴史化されると。それはそれで良いと思うのだけど、だからと言ってこれからも切断し続けて、後の歴史家や都市計画家がそのようなことで済むかと言ったらそういうことができない世の中になっていて、端的に言えば環境の問題だと思います。都市もそうだし、空間もそうだけど、産業革命以降の人間の活動の増大によって何が一番問題になっているかというと、我々自体の持続可能性ですよね。自然そして社会の持続可能性が建築に求められていて、必ず考えなければならない。絶対切断して欲しくないというか、大事なのは、そういう意味で言うとその地域の生態系や環境の問題が、今の建築が絶対に考えなければならない要件だと思うのです。ランドスケープや地形などそういう問題になってくると思うのですが、そこは文脈というものがとても大事で、それを切断するような仕事というのは、我々の社会のサステナビリティに完全に反するようなことでできないのではないかというか、だから次の世代に、我々が次につくっていくという時にそこは外せない。

平田　切断という言葉の捉え方のレベルの違いだと思うんですよ。要するに、近代的な切断というか産業革命以降のそういう切断ともう少し違う種類の切断を発明しないといけないのではないかと僕は逆に思っています。植物でも鉢の中に植えていると絡んでしまって、根がらみを起こしてしまう。僕は「絡まり症」と言ってどちらかというとそちらではないというか、「絡む」ということをずっとやっている人間ですが、それでもなぜ切断と言っているかというと、やはり絡んでしまったものは絡みすぎると死ぬ時があるのです。だから発明的な切断というのは必要だと思うんですよ。それは産業革命以降に起こってきた切断とは違う種類の切断だと思います。でも産業革命以降に起こってきたことがあまりにもメジャーな状況で、それを一回接続しなければいけない状況では切断とか言っていてはだめだという場所もあると思うのですが、それだけではないことも

あると思う。僕は最近、学生たちの作品を見ていて「切断してはいけない」という脅迫観念というか、「正しい設計でないといけない」という感じが強すぎて、逆に建築や都市が不自由になっていっている感じを危惧しています。特に東日本大震災以降ですね。もちろんそれは正しいことですが、もう一方で何か違う視点も導入しないと苦しくなってくる。根がらみを起こしたようにという気持ちもあると。

中島　おっしゃる通りだと思います。環境やむしろその生態とかそういう話の中に、まさにイノベーションが起きる可能性があるのではないかと言っていたけれど、切断とか接続という話とイノベーションというのは全然また別の話というか、イノベーティブな考えをしないとむしろできないわけですよね。その辺の話だと思うので、別に保守的に環境とか、例えばSDGsみたいなものを守れば良いとかそういう話をしているわけではなくて、そこに新しいアイデアだけど、建築において最低限外せない条件ややらなければならないことがその時代によってあってという話をしているのです。

松田　今から面白くなるというところで大変申し訳ないのですが、これで予定の終了時刻となりました。会場からの質問をまだひとつも聞けていないところがやや心残りではありますので、どうしてもこれだけ質問をしたいという人がいましたら挙手していただければと思いますが、いかがでしょうか？……大丈夫ですかね。

　塚本先生の問題再提起から、議論が大幅に加速しドライブしていき、とても濃密な話が展開できたかと思います。最後の話はもちろんこれで終わったわけではなく、ここをスタート地点として、今度は次の審査の方に着火して、そちらで盛り上がっていくことを楽しみにしています。今日は先生方、会場にお越しいただいた皆様、どうもありがとうございました。

司会　先生方、熱い議論をありがとうございました。以上を持ちましてトークセッションを終了させていただきます。本当にありがとうございました。

一次審査

[日時]

2019 年 10 月 15 日（火）

一次審査は非公開で行われ、6名の審査員が提出された作品の中から、二次審査に進む作品を40作品選出した。

熊澤 栄二
Eiji Kumazawa

石川工業高等専門学校
教授

今年は120作品を超える力作揃いの年であった。プレゼンテーションの技能は上位の作品も、惜しくも一次審査を通過できなかった作品もほぼ遜色がない気がした。サーベイも充実した作品揃いとなると、決め手は「何を歴史的空間」として提案・定義したのか。加えて、デザインによって「どんな課題に挑戦したのか」が明確かつ他の作品と差別化できないと推すことができない。文字は大きく、冗長な説明は潔く削る努力も重要だと伝えたい。

小津 誠一
Seiichi Kozu

建築家／E.N.N. 代表

200点近い作品と対面する一次審査で、毎度楽しみにしていることがある。それは、各地の歴史的空間を案内してもらいながら、その空間が持つ魅力や課題を共有し、魅力向上や問題解決の企てを聞き、再編された空間へと誘われるような体験だ。皆さんは、それをプレゼンボード一枚で伝えなければならない訳だが、実は現地へと誘ってくれるボードの数は40に満たないのが現実だ。二次審査では、渾身のプレゼンテーションによってその体験ができることを期待したい。

戸田 穣
Jo Toda

金沢工業大学 准教授

今年は改めて「再編」とは何かということを考えました。「再編」とは英語にするとどのように翻訳されるのでしょうか。どうやら、単なるリノベーションやコンバージョン、あるいはコラージュ以上の何かを私たち審査員は求めているようです。このコンペも回を重ね、さまざまな手法に既視感を覚えるようにもなってきました。「再編」とはいかなる行為か。二次審査・最終審査では、審査員と大いに議論して下さい。

村梶 招子
Shoko Murakaji

ハルナツアーキ 代表

全体的にプレゼンテーションが上手で、印象だけで選びきれずどの作品に対しても内容を読み込みました。どの点が「歴史的空間」で、どう「再編」しているのか、分かりやすい作品に対し素直に選ぶよう心がけており、丁寧なリサーチの作品は好感が持てましたが、その結果できるものについて共感が得られないものも多かったです。「再編」後どこに向かうのか、最終的に提案する建築的空間の重要性を改めて意識してもらいたいです。

林野 紀子
Noriko Rinno

りんの設計一級建築士
事務所

回を重ね、プレゼンの密度とリサーチ力の高まりを感じます。しかし「再編」が自己目的化している作品が多かったのは残念でした。人や空間の有り様を具体的に想像してほしいと思います。ある種の「歴コンスキーム」が完成しつつあるように見えました。一方でテーマについて、新たな驚きを期待してもいます。パネルの限られた情報から、その境界を揺らがせてくれる萌芽が見えないかという点も考慮して選出にあたりました。

吉村 寿博
Toshihiro Yoshimura

吉村寿博建築設計事務所
代表

応募作品の多くはリサーチを含めた提案内容がビッシリと描き込まれ、プレゼンテーションの質も高いと感じるが、一方で毎年抱いている疑問が拭いきれない。それは、何を「歴史的空間」と捉え、どのように「再編」しているか見えないという疑問である。このコンペに対する「的確な着眼点」と「鮮やかな発想力」が噛み合っていないと評価できない。このコンペの特徴である「歴史的空間」「再編」の2つの要素をより深く考え、分かりやすく表現して欲しいと感じた。

二次審査

［日時］

2019 年

11 月

23 日

（土・祝）

13:45 〜 16:10

二次審査では、一次審査で選ばれた40作品を審査員が巡回し、ポイントを与える公開審査です。

出展者にとって、大きなアピールの場であるため、会場が気迫と熱気に包まれます。

この審査を経て、二日目のファイナルプレゼンテーションに進出する10作品が決まります。

各審査員の持ち点は3点票×5作品、1点票×10作品。得票数の合計が多い上位10作品とSNOU推薦枠の1作品がファイナルプレゼンテーションに進出。また、この得票数の上位11位から20位（今年度は同率19位が2作品）の作品の各順位が確定し、20選作品が決定しました。※塚本由晴氏は3点票×2作品、1点票×8作品にのみ投票

出展ID	出展者	作品名	平田	中島	樋渡	塚本	宮下	松田	合計	結果
KSGP19003	宮西 夏里武（信州大学）	他所の市 此処の市			3	1	1	1	6	20選（11位）
KSGP19006	内川 公貴（熊本大学大学院）	歩車分離、歩水融合			1				1	SNOU推薦枠
KSGP19007	田代 大賀（秋田県立大学大学院）	染まる家		1	1			1	3	20選（19位）
KSGP19015	中林 顕斗（大阪市立大学大学院）	おどり方舟								
KSGP19017	上林 誼也（京都工芸繊維大学大学院）	宿場漁村における伝統的な町屋の空間構造を用いた公共空間の提案	1		1	1	1	1	5	20選（12位）
KSGP19019	生田 海斗（京都工芸繊維大学大学院）	更新されるモトマチ					1	1	1	
KSGP19033	西垣 佑哉（京都市立芸術大学大学院）	名古屋 栄を照らす換気塔	1	3				1	5	20選（12位）
KSGP19042	高橋 広野（宇都宮大学大学院）	town chain 建物連鎖			1		1		2	
KSGP19049	池田 昇太郎（北海道大学大学院）	相反する地表	3	3		1	1	1	9	ファイナル進出
KSGP19050	高橋 遼太朗（日本大学大学院）	包まれる忘れ物								
KSGP19053	高永 賢也（大阪工業大学）	ハナレとオモヤ	3	1					4	20選（16位）
KSGP19059	横畑 佑樹（日本大学）	なごり雪に涼む	3			1	3	1	8	ファイナル進出
KSGP19074	小島 厚輝（新潟大学大学院）	石蔵の停留所	1	3	3				7	ファイナル進出
KSGP19083	板倉 知也（愛知工業大学）	現れる漁景	1	1			1	1	4	20選（16位）
KSGP19084	前原 凌平（高知工科大学大学院）	播州の群塔	1						1	
KSGP19085	安原 大貴（立命館大学大学院）	悠久の町櫓								
KSGP19089	福西 直貴（大阪工業大学大学院）	水清ければ、えん宿る				1			1	
KSGP19093	森 大輔（金沢工業大学大学院）	町家第五世代				3	3	1	7	ファイナル進出
KSGP19102	渡邉 祐大（名古屋大学大学院）	学道改新								
KSGP19103	野田 明日香（大阪工業大学大学院）	スターハウス・パラレルワールド								
KSGP19106	三島 みらの（金沢工業大学大学院）	傷のあとの建築	3	1			1	3	8	ファイナル進出
KSGP19107	外山 純輝（日本大学大学院）	拝啓○○様.	1	3			1	3	9	ファイナル進出
KSGP19112	鈴木 輝（千葉大学大学院）	はだしで歩けない		3					3	20選（19位）
KSGP19114	原 良輔（九州大学大学院）	食寝再融合	1	1		3	3	3	11	ファイナル進出
KSGP19121	落合 諒（東京理科大学大学院）	駿府の城	3	1				3	7	ファイナル進出
KSGP19122	藤田 漱（工学院大学大学院）	ふたつの風景								
KSGP19125	田島 佑一朗（東京理科大学大学院）	無秩序が生む秩序								
KSGP19132	石田 美優（大阪工業大学大学院）	表裏一体		1					1	
KSGP19133	竹内 宏輔（名古屋大学大学院）	私と小鳥と種子と								
KSGP19138	高梨 淳（東京理科大学大学院）	鳥のいる日常	1	1		1	1	3	7	ファイナル進出
KSGP19139	皆戸中 秀典（愛知工業大学）	ツクリ / ツムグ イエ		1	3				4	20選（16位）
KSGP19146	糸岡 未来（信州大学）	川辺に生きるまち			3	1		1	5	20選（12位）
KSGP19153	吉田 智裕（東京理科大学大学院）	宇都宮感受散歩					1		1	
KSGP19156	川島 裕弘（大阪工業大学大学院）	滲む境界								
KSGP19161	石川 雄大（工学院大学大学院）	湯屋がつなぐ暮らし								
KSGP19171	田中 大我（東京理科大学大学院）	城下に芽吹くまちの種			1				1	
KSGP19201	若山 拓斗（金沢工業大学大学院）	最果てアーケードまち	1					1	2	
KSGP19202	朱 純曄（工学院大学大学院）	水上ノ民、水辺ニ還リ、	1		1	1	3	3	9	ファイナル進出
KSGP19203	堀内 那央（日本大学）	らんたんの伸呼吸		1			1		2	
KSGP19205	坂本 峻（横浜国立大学大学院）	川は暮らしの中心に			3	1	1		5	20選（12位）

SNOU推薦枠とは

今年度初の試みとして、歴史的空間再編コンペティションの企画・運営を行うSNOUメンバーが、ファイナルプレゼンテーションに進出できるファイナリスト1名を選出するものです。目的としては、学生目線で1作品が選出されることによって、審査員とは違う目線からの評価を受けることができ、さらなる討議の発展を期待したものとなっています。

審査方法

①40選決定後：
40選のパネルからSNOU用審査シートを用いて審査し、投票によって15作品を決定（SNOUメンバー30名による審査・投票）

②DAY 1（二次審査時）：
二次審査員と同時に15作品を巡回審査し、投票で暫定順位を決定（SNOU選抜審査員10名による審査・投票）

③DAY 1（夜）：
SNOU選抜審査員10名でディスカッションを行い、順位と選定理由を確定

［審査基準］

◇どこを「歴史的空間」とし、何を「再編」したかを的確に捉えられているか

◇対象地の歴史的背景や現状などの下調べが十分にできているか、問題提起が明確にできているか

◇提案は問題を解決するに当たってふさわしいものになっているか

◇提案に持続性・将来性があるか

◇模型、プレゼン、質疑応答を通して、作品の魅力についてわかりやすく説明されているか

← 審査結果はホームページで公開しています。

SNOU賞

パース部門、プレゼン部門、模型部門の3部門において、SNOUが優秀作品を選出。各賞の受賞者及びファイナリストに、石川県にゆかりのある作家の品が贈呈されました。

ファイナリストへの記念品
「殻」（渡辺 秀亮）

石を削り、磨いた花器。建物の礎石をイメージしている。今回のコンペを礎に今後活躍してほしいという願いが込められている。

［パース部門賞］
受賞者：KSGP19133 竹内 宏輔
「とんがり屋根の宝物入れ」
（中嶋 寿子）

とんがり屋根の小さな陶箱。大切な「なにか」を入れてほしいという想いが込められている。

［プレゼン部門賞］
受賞者：KSGP19202 朱 純曄
「sou」
（間瀬 春日）

漆塗りの世界に一つだけのループタイ。身に着ける度にプレゼン賞をとったことを思い出し、自信を持って今後のプレゼンに臨むことができるように祈念している。

［模型部門賞］
受賞者：KSGP19114 原 良輔
「伸 張」
（川野 昌道）

金属棒を組み、溶接した作品。見た目が模型を彷彿とさせること、またタイトルが「伸張」であるように、模型から実際の建築物、またさらにその先へ伸び広がることをイメージされている。

なごり雪に涼む ──雪室による雪捨て場再考──

KSGP 19059

山本 壮一郎(修士1年)
Soichiro Yamamoto

日本大学大学院 理工学研究科
海洋建築工学専攻

横畑 佑樹(4年)
Yuki Yokohata

中村 美月(4年)
Mitsuki Nakamura

大石 展洋(4年)
Nobuhiro Oishi

大久保 将吾(3年)
Shogo Okubo

駒形 吏紗(3年)
Risa Komagata

臼杵 葵(3年)
Aoi Usuki

日本大学 理工学部 海洋建築工学科

　豪雪地帯の生活の場とともに常にあり続けてきた「雪捨て場」。これは雪国のまちが徐々に密になり、自動車が生活の足になる過程で生活基盤のひとつとして重要度を増し続けた、欠かすことのできない重要な空き地です。本提案ではこの広大な空間と、雪を保存・資源化する伝統的な冷蔵施設である「雪室」の2つを歴史的空間と捉え、これらを1つの貯蔵庫・交流施設・宿泊施設のコンプレックスへと再編しました。雪を厄介者からまちの資源へ、雪捨て場を資源の貯蔵庫へ。環境と共生する知恵から生まれた建築空間によって、雪捨て場、ひいては雪そのものの立ち位置の転換を目指した提案です。

　敷地として選定した秋田県横手市は日本屈指の豪雪地帯として知られ、最大3mにも及ぶ積雪との共存は独特な文化と歴史的空間を醸成してきました。それが、先述の「雪捨て場」と「雪室」です。

　設計の第一歩は、この雪室を継承すべき価値ある文化と捉えたことでした。この豪雪地帯の知恵が生んだ伝統的な冷蔵庫は、電気式の冷蔵庫と比較してもより安定した高度な保冷保湿機能を持ちます。また、伝統的な雪室は使用に際し一切のエネルギーを必要としません。これらの機能性と持続可能性に、

受け継ぐべき価値を見出したのです。

　本提案のプログラムにおける軸は2つあり、ひとつは「雪室文化の体験的継承」。そしてもうひとつが「持続可能な建築」であることです。雪室文化の体験的継承を重要な要素として位置付けるにあたり、雪室の仮設性と、1年を単位として組み立てから解体までを繰り返すサイクルに着目。その過程に観光客や地

夏季には空き地となる対象敷地

域住民、地元企業を巻き込み、これら担い手に利することで、使われながら未来に受け継がれていくことを目指しました。また、今後の縮退社会における地方都市が活気あるまちでいるためには、外部からまちに関わる人々の力が必要不可欠であるとの考えから、交流や宿泊といった機能も重要なものとして位置付けています。文化の継承を目的として建築

の人的持続可能性を高めることを狙う一方で、資源的持続可能性の観点から雪との共生と利用、敷地の自然条件を活用する配置計画、そして現地で調達可能な木材によって施工・維持管理が可能な構成、空き家廃材の利用といった要素を取り入れました。

　具体的な設計手法としては、まず利用目的の雪山の周囲に雪を保存するための構造体を立ち上げ、これを地域住民や旅行者といった人々のための建築空間へと昇華していく手順を取っています。構造体の構法には施工の容易さと強度を両立した伝統的な雪室の断面形状を引用し、外壁を持たない屋根と基礎のみの形態を採用しました。また、施設の核となる常設部には交流や宿泊といった機能を配し、これらを繋ぐように配置した仮設部には主に雪室としての貯蔵機能を置くといったように機能ごとに常設部と仮設部に分けるプランを取ることで、季節ごとに適切な規模と表情に変化する平面計画を行っています。地域における雪室文化の核となるために必要な機能に合わせて敷地に広がる三角柱型のボリュームによってつくられた空間が、まちの生活の一部となる心地よい場をつくります。なごり雪に涼む。新たな雪室によって、雪捨て場とまち、雪と暮らしの関係を再編する提案です。

1 豪雪への順応が生んだ歴史的空間 - 雪室と雪捨て場 -

豪雪地帯である秋田県横手市は、積雪と共にある暮らしから街なかに存在する「雪捨て場」と冷蔵施設である「雪室」文化を生んだ。この雪捨て場に、雪室と「利雪」の考え方を持ち込むことで雪と人／人と雪捨て場の関係を転換する。

2-1 街の雪捨て場 - 生活と密接にかかわる場 -

雪捨て場は、豪雪地帯の生活基盤と不可分である。夏の間は単なる空き地となるにも関わらず、町中に数多くあり続けてきた。計画では、横手駅西側の雪捨て場を街の生活とともにあり続けた歴史的空間と捉え、その立ち位置を再編する。

2-2 環境と共生する冷蔵施設 - 雪室文化の再考と継承 -

長年の知恵が生んだ伝統的な冷蔵庫である雪室は、電気式の冷蔵庫と比較しても高度な保冷保温機能を誇る。

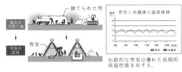

伝統的な雪室は優れた長期的保温性能を有する。

3 環境と共生する冷蔵施設 - 雪室文化の再考と継承 -

計画地を雪室によって1年を通して活用することで雪室の価値を転換する。雪室は解体と組立のサイクルに人々を巻き込み、使われながら継承されていく。

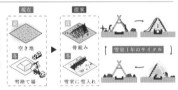

4 雪山に寄りそう建築空間をつくる - 裏方から表舞台へ -

雪山の周りに雪を守るための構造体を立ち上げる。そして構造体を人々のための建築空間へと昇華するため、まちを裏から支える空間であった雪捨て場を雪の利用を目的として集まる貯雪場へと再編していく。

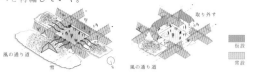

5 配置計画 - 雪集積場の一角をつむ -

建築に対して受動的な運営計画を実現するため、雪集積場としての機能は保持したまま、敷地の自然条件を最大限活用した設計とした。

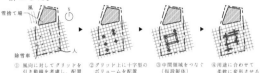

① 風向に対してグリッドを考慮し、配置
② グリッド上に十字型のボリュームを配置
③ 中間領域をつなぐ（仮設躯体）
④ 用途に合わせて柔軟に変形させる

6 既存ストックの活用による省資源化 - 空き家廃材の活用 -

建築にかかる資源やコストを削減するために、空き家を解体することで発生した廃材を雪室建築に活用する。

空き家を解体した際の廃材を利用する

増加する秋田県内の空き家数

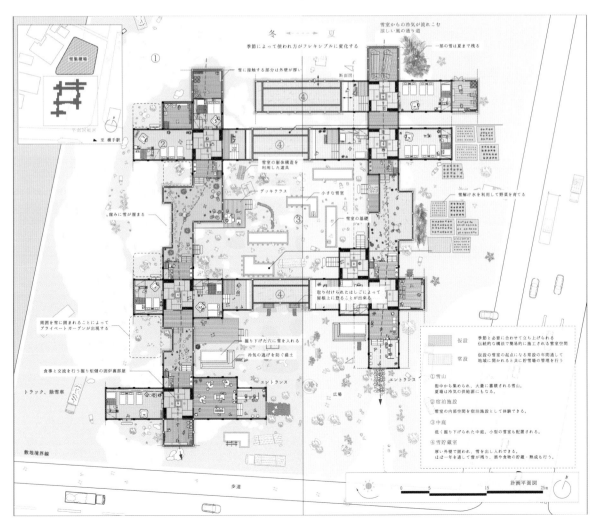

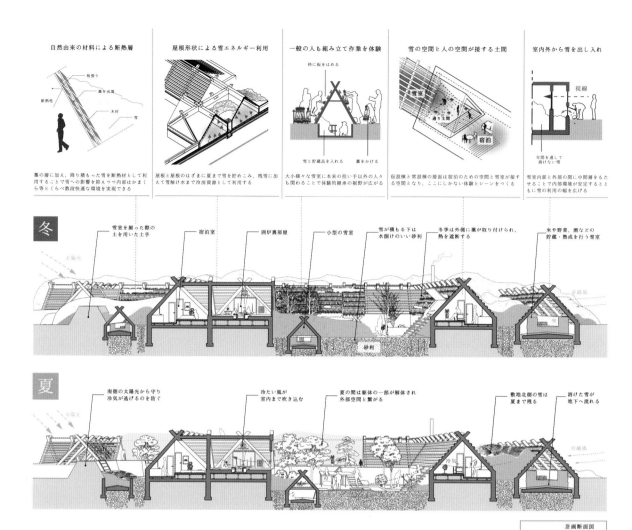

自然由来の材料による断熱層 / 屋根形状による雪エネルギー利用 / 一般の人も組み立て作業を体験 / 雪の空間と人の空間が接する土間 / 室内外から雪を出し入れ

板張り / 薬と光道 / 断熱性 / 木材 / 雪

薬の層に加え、降り積もった雪を断熱材として利用することで雪への影響を抑えつつ内部はかまくら等とくらべ数段快適な環境を実現できる

枠に板をはめる / 薬をかける / 雪と貯蔵品を入れる

屋根と屋根のはざまに夏まで雪を貯めこみ、残雪に加えて雪解け水まで冷房資源として利用する

大小様々な雪室に本来の担い手以外の人々も関わることで体験的継承の裾野が広がる

薬室 / 通り土間 / 宿泊

仮設棟と常設棟の接面は宿泊のための空間と雪室が接する空間となり、ここにしかない体験とシーンをつくる

視線 / 年間を通して溶けない雪

雪室内部と外部の間に中間層をもたせることで内部環境が安定するとともに雪の利用の幅を広げる

冬

太陽光 / 雪室を掘った際の土を用いた土手 / 宿泊室 / 囲炉裏部屋 / 小型の雪室 / 雪が積もる下は水掃けのいい砂利 / 冬季は外側に薬が取り付けられ、熱を遮断する / 米や野菜、酒などの貯蔵・熟成を行う雪室 / 季節風 / 砂利

夏

太陽光 / 南側の太陽光から守り冷気が逃げるのを防ぐ / 冷たい風が室内まで吹き込む / 夏の間は躯体の一部が解体され外部空間と繋がる / 敷地北側の雪は夏まで残る / 溶けた雪が地下へ流れる / 季節風

計画断面図
0 2.5 5 15m

質疑応答

塚本　これは季節は？

山本　雪は残っているのですが、だんだん暖かくなってきたという季節です。

塚本　それは大体どれくらいの時期？

山本　4月、5月くらい。

塚本　半袖で行けるということですか？

山本　実は行けてしまうのですよ。

塚本　行けちゃうの？　どうして？　反射が強いから？

山本　実際にこの空間にこの季節に行ってみると、照り返しによって意外と寒くならないということと、この空間が雪に囲われていることによって風があまり吹き付けない、そういった条件が重なって、例えば半袖でも過ごせる空間が出来上がっていきます。

塚本　なるほど。雪室というのが仮設部分ですか？

山本　はい。

塚本　それがどのようなタイミングで雪室として囲われるのか。その季節のスケジュールが、何月頃にこの辺で貯めて、仮設でできてというのが分かる資料はありますか？

山本　この部分模型を見ると分かりやすいかと思います。完全に雪が融けてしまった時期は、雪室がもつのが6月、7月くらいまでなのですが、8月くらいになると完全に必要ない部分は解体されてしまって、そこからだんだん寒くなってきて、雪が少しずつ降り始める

ような秋の終わりの11月に、雪に備えてまた組み上げることが始まっていきます。最も雪が多い2月頃には多くの部分が雪に埋もれます。

平田　これは解体するメリットはそんなにあるのですか？　7月くらいまで残っているという話でしたよね？　11月にもう作るとすると、8月、9月、10月しか建っていない時期が無い。その間、建たないことによってどういう良いことがあるのですか？

山本　完全に雪が降らない時期になると、かなり雨が多くなってきます。そういう時期に、あまり耐久性が高くない藁葺の屋根というのを維持するのは非常に効率が良くありません。実際にここにももともと存在する雪室も、季節によって解体をしてというようなことが伝統的に行われています。

宮下　この作業はどのような機関が主体で運営していくのか教えてください。例えば、藁だと近くの田んぼから持ってくるのかもしれませんが、これをつくっていく上でのシステムとか材料などの提案はありますか？

山本　この施設を設計するにあたって、地域が酒造のまちとして昔栄えていて、現在に至るまで生き残っている酒造もいくつかありまして、そういったところに伝統的な雪室を使えるのであればぜひ使ってもらって、まちとして雪中貯蔵ブランドとしてパッケージ化していきたいという要望をいただきました。

平田　そういうのはすごく面白いと思っていますが、さっきの本設の部分

❶模型写真一俯瞰　❷冬：中庭での雪室づくり　❸冬：客室と雪室の境界部
❹秋：囲炉裏の交流スペース　❺初夏：なごり雪が涼をもたらす仮設部
❻模型写真：夏季の交流宿泊棟　❼模型写真：文化施設棟と小さな雪室
❽模型写真：雪のない夏季の中庭　❾模型写真：雪が残る春季仮設棟

もあるわけだよね？ 本設の部分も茅葺の屋根ですか？

山本 本設の部分は、基本的には夏の時期は板葺きにしておきます。冬になってくる時に……。

平田 板葺きに変えるのか。そうするとすごく大変だね。板葺きに変えたり仮設に変えたり。

山本 板葺きの上に藁を載せます。元々板が葺いてあるところに藁を追加していくことになります。

宮下 それは誰がやるのですか？

山本 この施設を地域の資産として利用していくにあたって、雪室を実際に利用したい人だとか、雪を資産にしていくというところを提案しているので、まちの資産になる空間を維持するために、利用する人たちが周囲から巻き込んでこの空間をつくっていくということをプログラムとして組んでいます。

中島 ロケーションについて少し教えてもらっていいですか？ この場所はどういう場所なのですか？ まちのどこにあるのですか？

山本 ここは駅前にあるかなり広い雪捨て場です。元々雪捨て場ですね。この敷地は、本当に駅前にありながらかなり広い空き地としてまちの裏側になっている場所なのですが、そういったところにも、もっと有効に活用できる可能性があると僕たちは考えています。かつ、雪捨て場の機能を損なわないために、かなり広い敷地の約半分を借り受ける形で施設を計画していきました。

樋渡 その雪捨て場は普段雪が無い時は何に使われているのですか？ 空き地？

山本 完全に空き地です。冬の間や雪を運ぶ時期にトラックが出入りすることがあって、芝生みたいな草も剥げてしまって、とてももったいない空間になっています。

松田 なぜこういうプランになったのかを教えてください。また「軸がずれて開口を確保する」というのは、どういう意図で一部だけそうしたのかよく分かりませんでした。

山本 この部分ですが、元々井桁状に空間が組み上がっているところを、あえて軸をずらすことによって、広い断面を持った開口部を取ることができます。これが中庭へのアクセスを良好にしつつ、この反対側にはポケットスペースをつくるということを目指して行いました。

松田 こうやって直行するものを組み込んだ方が、そこから大きな開口が取れるのではないかという気がするのですが、そうでもないのですか？

山本 直行したものを組み込んだエリアもいくつかあって、この直線的な藁が掛かっている空間もこれはこれで魅力的なものになるということを考えて、二種類の開口を用意しました。

松田 全体的に必要なところに伸ばしていったらこういう形になったということですね？

山本 はい、そうです。

水上ノ民、水辺ニ還リ、

KSGP 19202

朱　純曄 *Junyou Syu*

工学院大学大学院 工学研究科 建築学専攻

□背景

　中国のほとんどは陸上居住であり、陸の上に住む民と水の上に住む民がいる。水上の民は中国の古代南東沿いの少数民族であり、中国の沿海側の地区でよく見られる。主に珠江流域を中心とする福建、広東、海南などの地区に分布している。彼らは船を家にし、漁業を職としている。また、水の民は古代の蛮族にあてがわれた「蜑」がつけられた民として「蛋民」と呼ばれ差別されている。そのため、漢民の高度経済成長期の背景により、多くの水の民が陸に上がっている。船上、水上、陸上生活へと住宅が変容してきている。また、近年、高度経済成長期から、政府は新しい建築を好むようになり、伝統的建築物を政府は取り壊すようになっている。しかし、2004年から歴史文化・建築に対する見方が変わり、文化を保存する試みが始められる。上海の新天地のように、中華人民共和国成立の会議室であった場所の保存とともに、以前の壁を保ちつつ新たな機能・用途を入れ、そこにある記憶を残す場を作るなどのように保存の仕方が変わっている。2007年に水上の民の「咸水歌」が非物質文化遺産に登録される。都市化による影響から、水上の民は船からマンション、親水空間など多くの場を失いつつあ

る。新しい環境を考えていかなければならない。

□敷地

　以前蛋民が住んでいた石基村に着目する。石基村は陸上がりにより使われなくなった船、棚屋が残され、敷地には多くの問題が残されている。そこに、今まだ残っている水の民の営み（養殖場、水上市場、資料館、食堂）、

資材が使われなくなった現在の石基村

現在道路の上で魚を売っている現状を残していく、陸の民と交わる公共の場を構成していきたいと考え、石基村を敷地に選定する。

□調査方法

　石基村の隣に位置する最後の水の民の村漁民新村の水上生活の集落配置、構成、構造を元に敷地調査、分析を行う。その分析を元に、3つのエリアの再編を行う。

□提案

　中国の高度経済時代の背景から陸の民と水の民の間には高い境界が存在している。しかし、水上文化は非物質文化遺産として登録され、陸の民が再度認識し始める。本提案は2つの民が共同の記憶を作り、今まだ残っている水の民の生活風景を残していくことを目的に提案する。

①昔ながらの水の民の陸から水辺への縦糸としての道を復活させ、川辺側にキッチンがテラスとして代用された独特の間取りを採用する。②中央に、棚屋と棚屋で作る新しい横糸の導線を作り、縦糸と交わることで、相互の往来と場に賑わいを持たせる。また間取りから建築的要素である壁、床、柱に変化をつけた棚屋を配置する。視線の抜けや、奥へと繋がるよう小さな広場を作り、人を奥へと誘導させる。③以前の水辺での棚屋、陸に上がった時の家屋を一つの大きな屋根でまとめ、陸に上がってしまった水上の民に再度認識する場を新しく作る。

　このように三つのことを重ねることで、以前の水の背景から陸に上がった背景がグラデーションのような縦の配置構成になっている。

■ THEME - CONCEPT

敷地を巡る異なる２つの要因

陸上居民 ←→ 水上居民 ＝ 家＝船 ＋ 職＝漁業

■ SITE

【着目】水の民と陸の民が交流するハブ的な接点を歴史的時間軸のなかで着目し、その構成を利活用することを考える。

| 陸の民 | 中華人民共和国成立 1949 年 | 改革開放 1978 年 | 歴史文化保護政策 2003 年 | 北京オリンピック 2008 年 |

水の民　水の民の増加 1930 年　　国家政策 1960 年　　陸地定住化 2000 年　　非物質文化遺産 2007 年

住居の変容　船上生活 →　水上生活 →　陸上生活 →

■ PROCESS

【用途】かつて存在していた陸から海への縦導線である水の民の導線と敷地的コンセプトから陸の民の横導線が交わる場を作り、水の民の営みを残し、その場が交流地点の始まりとして水上市場としての機能を用意する。

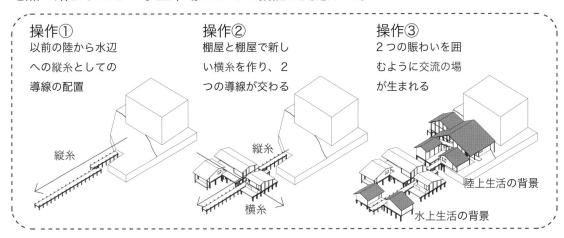

操作①
以前の陸から水辺への縦糸としての導線の配置

縦糸

操作②
棚屋と棚屋で新しい横糸を作り、２つの導線が交わる

縦糸
横糸

操作③
２つの賑わいを囲むように交流の場が生まれる

陸上生活の背景
水上生活の背景

■ ANALYSIS

【分析】水上生活で使われた棚屋の構成、使われた技法を元に、水の民の集落が形成する住居の増殖から起こる、集落の配置関係を元に、陸から海にかけての高低差を用いた隣家との関係性を中心に分析する。

■『桟橋⇒個人テラス ⇒室内』型　　■『桟橋⇒共有テラス ⇒室内』型　　■『桟橋⇒共有テラス⇒個人テラス⇒室内』型

■ CONVERSION

【変換】配置図から探したものを元に三つの形態に変換し、それぞれの関係性を考える。

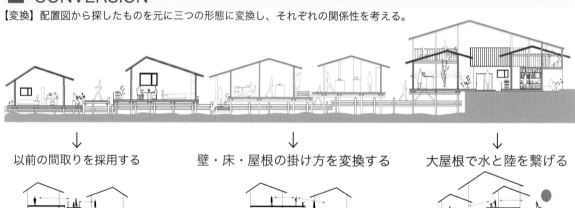

↓ 以前の間取りを採用する　　　　↓ 壁・床・屋根の掛け方を変換する　　　　↓ 大屋根で水と陸を繋げる

質疑応答

中島 これは陸に一回上がっていますよね？ 今回、つくる時にまたそこに戻るという提案ですか？ それともここはまた違う使い方なのですか？

朱 住む場所は陸上がりした場所なのですが、今、漁業を行っている方がいて、売る場所がなくて、ただ道路の上で売っているという背景が現状起こっています。その人たちが、隠れながら中国に住んでいるという現状に対して、新しい営みの場所を、私は保存していきたいということでつくりました。

中島 マーケットになるということなのですか？

朱 水上市場です。

中島 かつてもここは住まいだけでなく、物を売っていたのですか？ それを復活させるということ？

朱 はい。

塚本 ここに家があるのは？

朱 ここに訪れる人が、以前の間取りを再度体験できるような宿泊施設です。

宮下 船と船が連続してつくっているような風景に見えたのですが、ここは元々あのように桟橋があるところに船が着くというパターンなのですか？ それが歴史的な風景に非常に近い形式ということですか？

朱 はい。

松田 以前みたいに、水上に住むという選択をしなかった理由は？

朱 まず1930年に、農業よりも漁業の方が収益が得られるという結果がありました。そこで、水の民というのが中国で発生したのですが、やはり戸籍などの問題によって政府が「陸に上がって下さい」という政策を行って、今どんどん無くなっている状況です。

松田 水上に住むという提案をしたかったということはありますか？

朱 それが今、政府が行っている状況です。その後に、歴史文化保護法政策が行われていて、政府がそういう歴史的なものを保全していくことで、いろいろな歴史的テーマパークが残されています。でも、本来そこにいる民族の人たちが行くような場所ではなくて、観光客が訪れる場所で、以前あった営みとかそういう生活風景がどんどん失われています。近年、非物質文化遺産に登録されたということで、今後政策などを行って、そういう場所をつくるようなところになっているので、私はそういうものではなく、営みや生活風景というものを残していきたいです。

松田 単なるテーマパークにはしたくない、ということですね。でも今は、政治社会的状況により、簡単に水上に住むということもできないので、こういう提案をしたということですよね？

朱 はい。

塚本 質の良いテーマパークですが、テーマパークでないと言い切れる？

RESTRUCTURING

【再編】間取りの要素を新たなる用途に置き換える。水の民、陸の民が混ざり合う場を中心に再編、構築していく。

営 宿泊施設・養殖場　　　　交 水上市場　　　　思 資料館・食堂

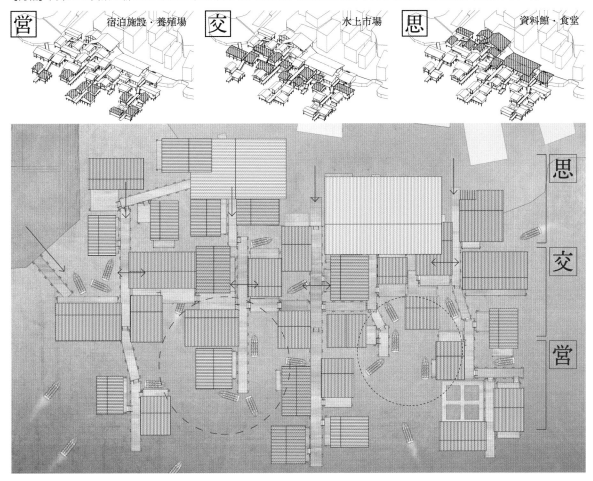

思

交

営

朱　テーマパークではない、とは言い切れないですが……

平田　これをグラデーションにしたことにより、固定アドレスは一応方便としてあり、でも実はほぼメインパートは遊離して、もしかしたら船も合体して。日本にも瀬戸内などにありますよね。船上生活者や海の民が。

塚本　でも綺麗なグラデーションができていて、すごくよく考えられていると思いますけどね。お知り合いがいるのですか?

朱　私は日本生まれですが、お母さんの友達が以前、水の上に住んでいて陸上がりした方で、その方に言われました。私は「水の民」と呼んでいるのですが、差別用語で「蛋民」という言葉があり、そういう風に呼ばれていた時代があって、そういう方とお話しして、現地に行って、構造とかを見てこういう文化があるのだということを知り、私はやはり漢民族なので、どう繋げていったら良いのかと思い、今回この課題に取り組みました。

宮下　1970年以降くらいに陸に上げられているんですよね? その時に、実際に陸に上がった水の民たちは、もう一度水の上に戻りたいと思っていたのかな? それとも、陸の生活に水の上の生活要素をグラデーションのように繋げて文化も脈々と継承しながらという生活を求めていたのかな? ヒアリングなどをした感じで、実際はどちらなのだろうね?

朱　やはり、年代によって違いが見られまして、おじいちゃん、おばあちゃんの方は、陸に上がって生活の場は豊かになったのですが、船の中につくるコミュニティーとか、そういう場所が無くなってしまっていて、高齢者の方には元に戻したいとか、そういう場をつくって欲しいという意見もあります。しかし若い人は、以前あったものというのが継承されていなくて、全然知らないという背景になっている。二つの人がいる感じです。

宮下　それでは、宿泊施設とかは水上の生活やコミュニティーを継承する場所としても、非常に重要なのだということですね?

朱　はい。

樋渡　ここはもう廃墟なのですか?

朱　はい。

樋渡　だけど、隣にもう一個あり、そちらでフィールド調査をしてやっているというのがすごいなと思いました。フィールド調査を二つもして、それでここで復元をしようという。復元と言うと違いますけれど、新たな息吹を与えようという。それで続いているところはなぜ続いているのですか?

朱　今年、中国の新聞によって失われてしまった文献がありまして、その理由が、高速道路を建てるにあたりそこが邪魔になってしまうということで、今はもう全く無いという状況になってしまっています。私が行った時には最後の村が残っていたのですが、今は無いという状況です。

宮下　もう調査できないんだ。貴重な体験だったね。

3位

食寝再融合

KSGP 19114

原 良輔（修士1年）
Ryosuke Hara

田口 未貴（修士1年）
Miki Taguchi

九州大学大学院
人間環境学府空間システム専攻

東京大学大学院 工学系研究科
建築学専攻

食寝分離論以降、変わらず作り続けられてきた団地。

時代が変わり、生活も大きく変化した今、食寝分離前の転用可能な畳空間を復活させることで、多様なライフスタイルに対応した「食寝再融合」というものを提案します。西山卯三の食寝分離論に基づいて計画された団地は、高度経済成長期における豊かな暮らしを提示していました。しかしそれから数十年が経ち、かつての夢の団地住まいはすでに過去のものとなってしまいました。ライフスタイルの多様化が進む現在において、そうした団地の画一的な計画は生活を窮屈にするものでしかなくなっています。現在の団地が抱える窮屈さを解消する為、食寝分離以前の転用論が持っていた生活のフレキシブル性に着目し、世帯融合や雑住融合といった様々な融合を内包した、多様な団地生活のあり方を提案します。

かつての日本住宅では畳の上で食事や就寝、さらには冠婚葬祭などの地域の行事ごとまで行われており、畳は場面ごとに柔軟に用途が変化するマルチスペースとして存在していました。現在の団地は高齢者、シングルマザー、学生など相互扶助を必要とする住民が増加しており、家族層の変化に伴い住戸内に普段使われていない和室が増加しています。それらの和室を畳の共用部として住戸の外に出すことで、変化に富んだ共用部空間を作り出します。住棟の減築によって建物の構造的負担を減らすと同時に、木造の縁側的空間を増築し、共用部を拡張します。また、一階に共同玄関を設け、団地内は上足の空間とすることで南側巨大リビングアクセスとなり

高度経済成長期に建設された高層団地
（福岡県福岡市中央区 福浜団地）

ます。既存のままの北側のファサードとは対比的に南側はヒューマンスケールによって構成され住民たちの賑わいがこの団地のファサードとなります。拡張された共用部にはオフィスや託児所、カフェなどの都市機能を挿入し、かつての共同体が持っていた地域コミュニティを団地内に復活させ、住民が相互扶助の関係性を生み出すきっかけとなります。

この団地に住む、シングルマザー家族を例に見てみます。この家族は、シングルマザーのお母さんと小学生の息子、2歳になる娘の3人家族です。朝、息子を小学校へ見送り、娘を団地の中にある託児所に預けます。そこでは、団地に住むおじいちゃんおばあちゃんが子どもたちの面倒を見てくれます。お母さんは、隣にあるシェアオフィススペースで娘の様子を片目に在宅ワークを行います。夕方になると息子が学校から帰ってきます。1階の共同玄関では「ただいま！」と挨拶しながら靴を脱ぎ、4階の寺子屋まで裸足で畳の上を駆け上がっていきます。寺子屋では団地に住む小学生たちが集まり、大学生に勉強を教えてもらいます。そして、日が暮れると夕食の時間です。夕食は家族だけでなく、託児所でお世話になっているおじいちゃんおばあちゃんや、勉強を教えてくれる大学生、またお隣さんなども呼んでみんなで食卓を囲みます。6畳の小さな和室は、襖を開き、共用部の畳スペースをつなげることで大きなダイニングへと変わります。このようにして、それぞれの足りないもの同士を補い合う関係を作り出すことで、一つの大きな家族のような団地になるのではないでしょうか。

食寝再融合

食寝分離論から70年、生活は大きく変わったが、高度経済成長以降の
団地の計画は変化してこなかった。

転用論時代の畳のフレキシブル性に着目し、団地の共用部空間を畳の
空間に、拡張していく。

様々な生活を許容することで団地の均質な光景を更新し、
団地像を刷新していく。

1 背景：団地の変遷

01. 食寝分離論以降の変わらない計画

西山卯三の食寝分離論に基づいて計画された団地は、高度経済
成長期における豊かな暮らしを提示していた。しかしそれから
数十年が経ち、ライフスタイルの多様化が進む現在において、
そうした団地の画一的な計画は生活を窮屈にするものでしかな
くなっている。

02. 食寝再融合

現在の団地が抱える窮屈さを解消する為、食寝分離以前の転用
論が持っていた生活のフレキシブル性に着目し、世帯融合や職
住融合といった様々な融合を内包した、多様な団地生活のあり
方を提案する。

団地の変遷	
食寝転用論	和室が生活の中心であり、畳の用途を多目的に変換して生活していた。
1942 食寝分離論	西山卯三が住まい方調査によって、住宅における食べる場所と寝る場所を分離することを提唱。
1951 51c型	戦後の公営住宅設計の型のひとつ。食寝分離に基づき、ダイニングキッチンが成立、普及した。
nLDK型	より個人のプライバシーを確保するために、公と私の分離が重視されるようになり、普及した住戸タイプ。
2019 食寝再融合	固定化された住戸プランではなく食寝分離前の転用可能な畳空間を復活させることで、現在の多様なライフスタイルに対応する。

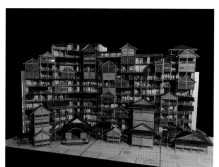

2 提案：畳の共用部

01. 転用論時代の畳の使われ方

かつての日本住宅では畳の上で食事や就
寝、さらには冠婚葬祭などの地域の行事
ごとまで行われており、畳は場面ごとに
柔軟に用途が変化するマルチスペースと
して存在していた。

02. 畳の可能性

これまでの殺風景な共用部を畳の共用部
に変えることで、フレキシブルな使い方
のできる共用部とする。また、団地内が
畳の上足空間になることで共同体として
の意識が強くなる。

03. 都市機能の挿入

団地内にオフィスや託児所、カフェなど
の都市機能を挿入し、かつての共同体が
持っていた地域コミュニティを団地内に
復活させる。

オフィス　武道場

銭湯　レストラン　寺子屋

宴会場　託児所

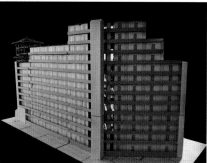

3 プログラム

01. 立体的に配置される都市機能

都市機能をそれぞれの関係性を考慮し、立体的に配置する。従来のベランダが一列に並ぶ殺風景なフ
ァサードは、様々なアクティビティを写すようになる。

 宴会場　 オフィス　 調理室　 寺子屋　 カフェ

 託児所　 銭湯　 レストラン　 武道場　 玄関

この団地に住む、シングルマザーの家族を例に見てみましょう。

朝、息子を小学校へ見送ったあと、
お母さんは娘を団地の中にある託児所に預けます。
そこでは、団地に住むおじいちゃんおばあちゃんが子どもたちの面倒を見てくれます。

夕方になると息子が学校から帰ってきます。
1階の共同玄関では「ただいま!」と大きな声で挨拶しながら靴を脱ぎ、
4階の寺子屋まで裸足で畳の上を駆け上がっていきます。

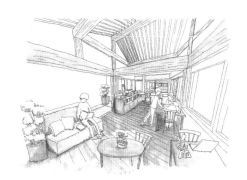

この家族は、シングルマザーのお母さんと小学生の息子、
2歳になる娘の3人家族です。

娘を預けたお母さんは、隣りにあるシェアオフィススペースで在宅ワークを行い、
オフィスの窓から娘の様子を片目に仕事することができます。

質疑応答

樋渡　今回は「歴史的空間再編コンペティション」ですが、作品のどこに歴史性を感じますか? 他の作品では本当に根強い、脈々とある文脈の中で土地を選ぶという歴史性があるのは分かったのですが、ここは1970年前後に埋め立てられた埋め立て地です。そのため、土地で選んでいるわけではないので、どこに歴史性を感じているのかということを少し教えてください。

原　そもそも団地というのが敷地自体に歴史性はないのですが、クリアランスされて団地というものが建設されて、歴史を切断して建てられた団地というものが、今となっては歴史の一部になっているのではないかと思っています。団地が老朽化して、建て替えの時期や補強の時期が来た時に、どういう手法で次の時代に継承していくのかということで僕たちはこういう手法を提案しています。

林野　「切断」というキーワードが出てきましたけれど、もう少し「なぜなのか」と後で聞かれる予感がしますので、心づもりをしておいてください。

宮下　私も今、全く同じことを聞こうと思っていました。団地というビルディングタイプ自体を歴史的空間と読んでいるのか、それとも、食寝分離がある戦後のLDK思想の中で変わってきたライフスタイルの変化の変遷のことを歴史と読んでいるのか、どちらでしょう?

原　両方です。

宮下　その両者が合わさったものとしての形をもっと詰めてもらえると

すっきりすると思います。団地の間取りの中で、共用空間をオープンにしてという辺りもすごく面白いのだけれど、それによって歴史的空間がどのように変わっているのかということを、もう少し端的に言ってもらいたい。説明の後半が空間の楽しさみたいな話で終わってしまったので、歴史的空間再編という核心のところをもう少し説明してもらえると嬉しいと思います。食寝が融合されたことが変化なのは分かるけれど、それによってここに何を取り戻そうとしているか、何を新しくつくり出そうとしているのか、という辺りをもう少し君たちの言葉で聞けたらいいなと思います。

原　一番大事にしていたのは、昔は夢の団地住まいと言って、サラリーマンとか4人家族とかが住んでいたのですが、今は家族層が変化して、独居老人や学生とかシングルマザーなど経済的・社会的弱者と言われる人が増えてきている中で、相互扶助を必要としているのではないかと思っています。それが、今の団地では全く生まれていなくて、部屋の広さの面でも部屋を持て余しているので、住居の専有部分を一部、共用部に開放し、共用部を豊かにすることで、パースで見せたようないろいろなアクティビティが生まれて、団地内に相互扶助の関係が生まれるのではないでしょうか。

宮下　そうすると、切断という言葉を使っているけれど、団地ができる事で、そこにあった血縁や元々地域にある相互扶助といったものが無くなっても、これがあることでもう一回そこが新しい縁のカタチとして再編されると理解すればいいですか?

そして、日が暮れると夕食の時間です。
夕食は家族だけでなく、託児所でお世話になっているおじいちゃんおばあちゃんや、
勉強を教えてくれる大学生、またお隣さんなども呼んでみんなで食卓を囲みます。
6畳の小さな和室は、襖を開き、共用部の畳スペースをつなげることで大きなダイニングへと変わります。

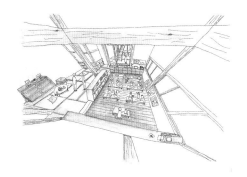

寺子屋につくと、そこでは団地に住む小学生たちが集まり、
大学生に勉強を教えてもらいます。

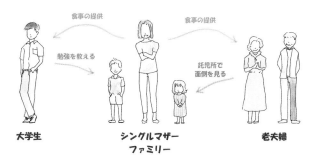

このようにして、それぞれの足りないもの同士を補い合う関係を作り出すことで、
一つの大きな家族のような団地になるのではないでしょうか。

原 はい。

平田 そこまでは僕はすごく共感するのですが、なぜこの屋根の形なんでしょう?つまり、今までの団地があって、いろいろな歴史的な家族形態の経緯があって、そこに家族と呼べるか分からない人の集合みたいなものを新しくしていくわけですよね?そうなると、今までの家族とは違うものを表すような、何か新しいものができてもいいような気がしています。ノスタルジーというか、既存のものをスタンプ的に使って家族的なものを表そうとしているけれど、本当はもっと新しいものを形にするべきなのではないか。それはどこか懐かしいものかも知れないけれど、同時に、見たことがないようなものであるべきな気がします。こういう旅館みたいなものは見たことがないといえばないけれど、良くない意味で見たことがあるような気がして、その辺をどう思っていますか?

原 ファサードのデザインについては、他のやり方の可能性もあるのですが、今回は福岡の団地を敷地としていて、増築という風にやっています。提案としては、全国どこの団地でもどこでもできるようなクローズタイプにしていて、増築する部分に地域性、敷地から持ってくるものがファサードになればいいと思っています。敷地が福岡の博多湾の近くで、昔、鴻臚館という遣唐使の時代に海外から文化を招き入れる場所があったのですが、福岡は中国からいち早く文化を取り入れていた場所で、そこが特に建築において、日本の建築様式が最先端で入ってきた場所なのかなと思っていて、今回は

福岡の敷地の地域性として日本の建築様式をファサードで構成しました。

平田 そこに僕はクリエイションが介在して良いと思うので、特に、この敷地だったらなぜそこに踏み込まないのかということをすごく思います。別に言ってしまって良いと思いますよ。もっと違うものをつくったほうが良い。

塚本 私は、歴史的空間は畳とそのふるまいだと思ったのだけれど、違う?畳があると床に座る、寝転がるなどいろいろなふるまいが出てきますよね。畳と人のふるまいの関係性には歴史性があるわけです。いつもは格好良くないおじいさん、おばあさんが畳の上では、優雅なふるまいを見せて、子どもたちもびっくりするみたいな。そういうことが大事なのかなと思ったのだけど、あまり強調しないんですね?

原 そこも大事です。今の団地と転用論時代の畳の使い方がマッチするのではないかと。

平田 畳の話はすごく説得力があったと思います。

林野 ファサードの表現が発明的な「切断」に飛躍する可能性が無かったのかということは、後でもう一度聞きたいと思います。

松田 そのファサードは、家族の多様性を象徴していたのかなと思ったのですが、違いますか? 無意識にでも。

原 ファサードがですか?

松田 ええ。言われたら、という感じですか? 分かりました。

4位

傷のあとの建築

KSGP 19106

三島 みらの Mirano Mishima

金沢工業大学大学院 工学研究科 建築学専攻

　街に付いた傷は街を変えるきっかけになり得るのではないか。

　現在、日本の多くの街が抱える空洞化と景観という問題を金沢東山馬場をケーススタディとして取り組んだ。

　歴史の長いものだけでなく、その消滅によってそこで確かに起きていた些細な変化にまで目を向け建てた住宅を提案する。

『背景と目的』

　百年以上という長い寿命を持つ建築群が街並みを築いてきた金沢東山、現代人にとって町家はその狭さや老朽化から住みやすいものとは言えず、町家は次々と役目を終え消えている。このように街並みを築いてきた町家建築が無くなることでできた空きはこの町の「傷」のようであると感じた。

　街並みをもう一度作るための住宅を空きに対して考えていく。

　金沢東山の調査の結果、使われ方、接している建築の形状や種類によって空きの環境は大きく異なることが判明した。周辺の建築の形状、奥の使われ方など環境の異なる7か所を敷地として選定する。

『プロジェクトの概要』

　町にできた傷を再生させる建築を考える。傷を埋めていく事でもう一度街並みを獲得する

ることを目的とする。

　しかし、そのような町にいくつかできた傷を見てみると良い効果を周辺に与えながら存在していることが分かった。町家を壊し現れた駐車場は現代の郊外の生活に欠かせないものであり、必要悪のような存在になっている。また近隣の奥に光や風を届かせ、町家の側面に本来はない窓が開けられるなどの環境改

金沢市東山に選定した敷地7箇所
赤が町家、白がその他の建築、黒が空き

善の工夫がみられた。

　町に現れた傷は町家特有の窮屈さを打開するきっかけになり得るのではないか。

　街並みの維持のために駐車場や抜けといった現在あるものを無くして建築を建てることに違和感を覚えた。

　人が傷から何かを学ぶように、傷は治っても傷跡は残るように、町についた傷を再生す

るだけでは無くそこに起きていた変化をも許容し次の時代へつなぐための住宅を考える。

『設計の概要』

　傷を許容するとはそこに起きていた変化を建築に反映させていく事だと考える。

　提案する建築によって傷を可視化し、使い方や解釈を示し、その中で生活していく事で傷への理解や町への愛着に繋がるのではないか。

　方法としてまず建築が消えたことによって敷地にできた『街並みを崩しているもの』に対し治す、または違う価値を与えるような設計をしていく。そして駐車場化や庭が繋がっているなど『建築が消えたことによって環境が改善されている状況』を残すような設計を行う。このような操作を各敷地条件に合わせて取捨選択および組み合わせて設計を進めていく。

　しかしここで設計をしているものはあくまでも建築の形状や外観、ファサードでしかなく内部空間や諸室の配置には一貫したルールは持たせていない。

　敷地条件と外観、ファサードの設計からできあがった環境（明暗や視線の入り方、階層）などから内部空間を設計していくという手順を取る事で敷地条件に依存した内部空間、生活空間が現れることを狙っている。

Site A

町家とビルに挟まれた通り抜け可能な駐車場である月極駐車場とコインパーキングがあり、本設計ではコインパーキングの場所に設計を行う。町家の側面には窓が複数あるがビルには一つだけある。南に続くビルと町家のスケールとが切り替わる場所である。SiteBと隣接している。

二つの建築のタイプに挟まれたこの敷地で両者をつなぐ形を考える。

長い敷地のため二世帯住宅としボリュームをビル側に寄せ通り抜け可能な道を残した。町家側に開く住戸とビルの壁面に向けて開く住戸を設計した。

ビルのようなファサードを持つボリュームから片流れの屋根を流し、テラスをキャンチさせることで高さを少しずつ抑えている。ビルと町家、二つの風景をつないでいる。

駐車台数の関係から1階部分が広いピロティ空間になるため2FLをGL+3500mmまで持ち上げている。また壁面側のボリュームと低いボリュームの間の床面に開口を開けることで夜間でも生活光が壁面に反射し駐車場を明るくする。

Site B

月極駐車場側の町家と町家に挟まれた通り抜け可能な敷地である。SiteAと隣接している。町家の並びの軸、裏に流れる川の軸、空きによって出来た道の軸など様々な方向性を持つ敷地である。

軸が敷地内にいくつかあり、様々な建ち方が可能なこの敷地にあるべき建築を考える。

町家の面、道、川、建物の位置など様々な方向性を持つ壁面を使いながら屋根面を周辺に合わせて配置していく。街並みとして様々な条件を許容しながらそれらをつなげている。

基本的なプランニングは町家のように長い動線によるパブリックからプライベートへのグラデーションで作られている。しかし住宅内に飛び込んできた隙間によって主要な動線は捻じ曲げられ、様々な角度を持つ壁面と共に様々な居場所を室内に作っている。

この周辺の特徴である川によって建築が途切れる風景を取り込む。建築に入り込んだ隙間は大きな開口やテラスになり室内を明るくする。

Site C

町家と町家に挟まれた細長い敷地である。現在駐車場として利用されてはおらず、空き地になっている。両方の町家とも窓は少ない。奥には町家特有の裏庭や、反対側の町家の裏が集まっている。東山において最も多く見られた敷地条件であり、その中で最も間口が狭いこの敷地で提案可能な住宅を考える。

北側に隙間を開けるようにボリュームを置くことで壁面を反射面として使っている。屋根勾配を連続させ、少し高くすることで南側のハイサイドライトを設え、街並みの一部になる。

裏にプライベートのための機能を集約させ接道側をガラス張りにする。ハイサイドライトや反射面で入った光、隣家のテクスチャが入り込む。それらが白い床、天井に反射し建物の中に広がる。

空きによって日が当たり、生まれた裏庭をさらに広げるようにボリュームを配置する。既存の塀は取り払われ、一つの大きな庭が生まれることを期待する。

SiteD　町家と町家に挟まれた空き地である。奥には浅野川への眺望が望める。隣家同士の庭が繋がって出来た緑が広がっている。

南側の住戸は空き反応し窓が開けられ物が溢れている。北側の町家の側面は窓が少なく南から入る光を反射している。街の傷に対しての対応が見え始めたこの敷地だからこそできる建築を考える。

SiteC　町家と細い道に挟まれた敷地である。道側の町家には多くの窓が開けられ道は奥の家々のアプローチになっている。もう一方の町家は窓がない壁面が露出している。現在2台の車が停められている。町家の並びがいったん途切れるこの敷地で道と町家の長手方向をつなぐような建築を考える。

隣家に光を届けていた空きを残す為、敷地中央部分に大きく中庭を取り分棟とする。北側にある町家の壁面を反射面として地面まで光を落とす。動線の一部を中庭に出すことで生活の中に空きへの意識が生まれる。　隣家と共有する中庭という町家特有の形式を引き継ぐことができた。

今まで裏庭として使われていた場所に生活空間を置く。この場所の価値を周辺に提示する。建築のマテリアルを周辺の雑多なものを許容する意味で鉄骨造で白い仕上げとする。樹高の高い木で視線を遮りつつ庭をつなぐ。

接道側のボリュームは周辺に合わせて木造とする。一階部分のピロティ空間は駐車場という機能の効果で誰でも使えるスペースになり奥には中庭が見える。

寄棟屋根で町家の並ぶ風景が道によって終わる場所であることを示している。夜間この道は足元が見えないほど暗くなるので、ポリカーボネートの壁面、屋根の裏面の反射、ダイニングの足元の掃き出し窓で道に生活の光を落とす。

隣の道を拡張するように敷地内に歩道のような共有部を作る。また駐車場によって分断された隣と裏の住宅の庭をつなぐために塀や小屋を飛び越えるように二階部分に庭を置くことで敷地面積以上の広がりを感じることができる。

駐車場部分をピロティとすることで車がない時にはフリーマーケットや休憩所として街に解放される。

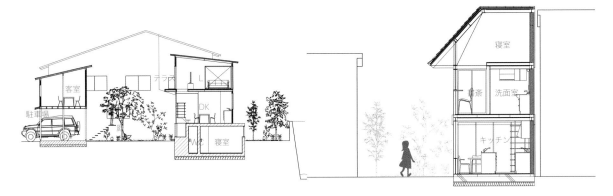

質疑応答

平田　模型でなくてもいいのですが、パワポの資料で他のものはありませんか？ パネルで説明してもいいです。

三島　これはビルと町家の間にある敷地を選定しています。僕は町家よりも風景を繋ぐことをやりたいです。この先いくつかビルが並んでいますが、この町家から下は町家の風景が並んでいて、その間に空きができています。その二つを繋ぐように、ビルのようなボリュームと、町家の屋根のようなスロープをつくって住宅を設計しました。こういうスロープが入ることで、床に穴が開いたりして、南側からの光が北側の一階まで十分に落ちるなどの設計をしました。

林野　他の例はありますか？

三島　これは町家と町家の間にある、間口4mぐらいのすごく狭い敷地です。こっち側にボリュームを寄せることで、こっちの町家の側面の素材が少し新しくて、まだ綺麗で光を反射できるので、南側から入る反射光を室内に取り入れるために設計しています。こちらの屋根から少し浮かせることで、ハイサイドライトを取り入れています。裏庭が現在、この家が無くなったことで少し繋がりが取れかけて、大きな裏庭ができつつあるので、そういった空間を残すためにわざとこちら側を空けて設計しています。こちらの敷地では、町家と町家の角地にある場所で二つの屋根を掛けています。そういった部分を角の敷地形状に合わせて切り落とすことによって、1階部分が

大きなリビング空間兼駐車場の待合室になるようにしています。

塚本　これは？

三島　これは町家の通りや、新しくこっちに道路が通ったことでそちらに合わせて建てられた町家など、いろいろな角度がある敷地です。ここに川が通っていて、ここの先100mぐらいずっとこういう隙間がいろいろな家に開いているというのが特徴で、そういう敷地の形状を建築内に引き寄せたりしています。

宮下　恐らく、この提案は町家そのものをつくっているという意識よりは、町家が壊され歯抜けになっていく場所のコンテクストから、その良い点、悪い点を総合して考えた結果、こういうものが建っていくべきではないかというような印象を持ちます。つまり町家形式の建築を建てようとしているわけではないという理解でいいですか？

三島　そういうわけではないです。

塚本　でも、町家と言った方が面白いと思うよ。いったん町家が失われたことによって、何年間かあった状態で気付いたことがあって、それを取り入れた町家をつくったという言い方もあり得るよね？

宮下　いわゆる町家形式を再現しようとしたのではなくて、コンテクストからここに合う新しい町家を建てようとしたのだね。

塚本　数年失われたことも、後から考えれば悪くなかったと言えるようなものをつくりたかった？

松田　今の話とも関連しますが、三島さんが一般解をつくろうとしている

SiteF

町家と町家に挟まれた角地である。両側の町家とも窓が少ない壁面が露出している。奥にはかつてセド（中庭）があったと思われる窪みがある。
　角地は接道面が複数あることから東山では駐車場化が多く見られる敷地の一つであった。
　二つの道の方向性と角に対する面、3つの面を持つこの敷地に建つ建築の形を考える。

SiteG

町家とビルの間の細い駐車場である。町家にもビルにも側面に窓はなく、高低差があるため街並みの途切れを感じた。奥には裏の家の庭が見え、そこから光が落ちている。
　景観保存地区でないこの街に建つビルと町家の間に立つ建築の形を考える。

敷地の角の一階部分を街に開く。一階の駐車場に客間の光を届ける。裏庭には駐車場を利用する人々が使えるベンチの設えがある。
　両隣の町家の屋根勾配を引き継ぐことで角地として自然な建ち方を目指した。
　角のファサードは道路の角度で切り取られ道の一部のように振る舞う。
　かつてセドがあったであろう敷地の奥に再びセドを作る。現在は一つの住戸のものだがいずれは隣家もセドに反応して窓が開くことを期待する。

ビル側にボリュームを建て町家側に屋根のような斜め材を配置する。町家とビル、両方の要素を持つ形式で街にできたスケールの隙間をつなぐ。
　ビルの高さを持つボリュームに町家の屋根のような斜め材が挿入され様々な階高を持つ諸室が生まれた。斜め材は一階の庇、書斎の机、三階へのスロープと機能を変えながら生活に食い込んでいく。階段によるヴォイドによって3階南側から入った光が前面道路まで届く。

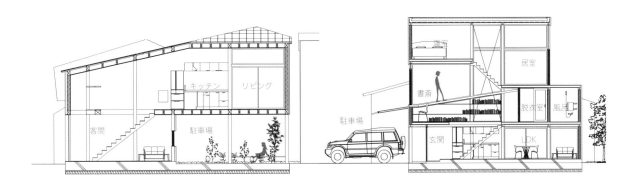

キッチン　リビング　客間　駐車場

居室　書斎　脱衣室　風呂　駐車場　玄関　LDK

のか、それとも個別解、特殊解をつくろうとしているのか、どちらなのかなと思いました。プレゼンの上の方に14個ぐらい手法が書いてあるじゃないですか？　そういうものを集めてある場所に何ができるかという一般解的なメニューをつくろうとしているのか、それとも提案は7個ありますけど、その個々の特殊解をつくろうとしているのか。たぶん前者かなという気がしますけど、いかがでしょう？

三島　手法はいくつか考えたのですが、具体的に敷地に落とすといった作業の時に、敷地選定の話と重なりますが、例えばこの敷地なら一番多い空きのタイプで、両側が町家で窓が無くてすごく狭いというところから一カ所やろうという時に、なるべく汎用性があるもので、間口が4mしかないという一番狭い敷地で対応することで、他の空きに転用可能だと考えました。

松田　いくつかの敷地のケーススタディから、いろいろなところに転用可能な手法を見付けようとしている。そういう一般解のメニューをつくろうとしている感じですよね。

平田　結局は、ある広がりというか、ある街区全体の雰囲気を何かつくり出そうとしていて、それは、元々あったものとは全く同じではないけれど、今ここの場所におけるものではないとできないような、より良い次の姿みたいなことだよね？　それを可能にするものを町家と呼んでも良いのではないかと、突っ込んで定義付けても良いのではないかという塚本先生の話で、僕もすごくそう思いましたけどね。

樋渡　これは要はボイドの類型みたいな感じということですか？　町家は一つのこういう街区があって、今、たくさんのボイドが駐車場になっているという話がありましたけど、スタディしていくと、これだけいろいろなタイプがあったという、それに対しての答えということですか？

三島　そうです。それだけでなく、下の駐車場がレンタル駐車場なのか、月極駐車場なのかということもあります。

塚本　例えば、隣の人が窓を開けることができたということはとても大事なことなんだよね？　それはそのボイドの類型だけじゃないよね？

三島　同じ町家と町家の間でも、隣の家がリフォームを始めていたり、庭として使っているとかです。

中島　今あるボイドを埋めたわけだよね。でもこれは今後も出続けるよね。その辺の、根本的になぜ町家が壊されて、空き地ができているのかというところに切り込めるかな？

三島　町家は好きなのですが、私たちが住むには少し窮屈だと思っていて、そういう原因で消え続けていると思っています。

中島　ボイドのままの方が、ボイドが環境を良くするということもあるのではないかと思うんですよね。

樋渡　その付け加えで、人間の活動をもう少し入れて欲しいなというところがあります。今後どういう可能性があるのかや、これから空いていく場所についても、人の動きの提案といったもうワントライを入れていくと面白いものが生まれてくるように思いました。

拝啓○○様. ―時に囲われたあなたの居場所―

KSCP 19107

外山 純輝 Junki Toyama

日本大学大学院 生産工学研究科 建築工学専攻

■概要

川越市の伝統的建造物群保存地区において保存対象の表層的な街並みには手を加えず観光客の一過性の訪問に委ねたまま、街区の内側に辛うじて残る住民の日常の生活を生き生きと復活させたいと願った。

人の生活の質は生活する空間の質と深い関係にあると考える私は、街を丹念に観察して回る中で捉えた事象や生活の気づきをボトムアップに構成することで、空間的な特徴を見出し、118の新たな規範としてまとめ住民の日常生活の為の居場所の提案へと繋げた。また、ただ街を観察するだけではなく、時には店に食事をしに行き、時には庭の除草作業を手伝い、時には話相手として時間を共有するなど、徐々に地域住民との交流を深め、(以上の意味も勿論ありましたが、似顔絵を描いた1番の理由は、観光地にも人は住んでいるのだということを伝えたかったからです。)生活の内側に入れて頂くことで、設計の解像度を高めていった。

住人一人ひとりと交流を深めながら進めたことが結実し、川越市長や埼玉県知事に発表する機会も得た。結果、35年ぶりに規範が改定される運びとなり、現在は改定部会唯一の学生メンバーとして参与している。

■具体的な提案

大きな計画としては、集会所・食堂・銭湯・喫茶店・音楽室の5つを想定しているが小高い丘のようなスペースや子供達が走り回れる広場など、小さな居場所の集積によって連続していく、住民共有の中庭のようなものを目指した。また、新築する部分は無秩序に展開していくのではなく、今は無いレンガの防火壁を再度立ち上げ、それに寄り添うように設計している。寄り添うとは、単に壁が建築内に貫入するだけではなく、例えば、銭湯の富士山の代わりに借景して利用するなど関わり方は多岐に渡る。

規範について、いくつか具体的を挙げると「隠しきらない不完全さに安心感を抱き親しみを覚える」というキーワードからレンガの壁の高さを操作し、「囲まれながらも開放感のある空間に居ることに心地よさを覚える」というキーワードから、テラスを設け見晴らしを確保している。また、提案に際し、茶室や蔵など、今在るものを取り払い新しいものを作っていくのではなく、既にそこに在るものたちと生活を繋ぎ、豊かな場所へと再編することを常に意識した。

拝啓○○様。観光に包囲された街に住む皆様の為のささやかな居場所の提案です。

■規範の作成方法

空間知覚は段階的に構成されるもので、精神発達の初段階から付与されているものではないということは、明白である。即ち空間の認識は、我々の直接的感覚と経験との双方からなる産物であると仮定できる。

そこで本調査では、本来客観性を担保する為に捨象される、音や、匂い、人の活動や想い等の経験も重要な要素として捉え、都市形態の背後に潜む川越らしさを感じる空間的特徴を導き出すことを、目的とした。

1. 写真日記作成：先に挙げた直接的感覚と経験の記憶の双方を考慮するため、写真日記を作成する。写真日記とは実際の場所を経験して収集する情報を視覚情報、位置情報、言葉によって記録する媒体である。

2. 空間図式作成：次に、運動感覚的イメージスキーマを用いて、各記述を図示表現し比較する。運動感覚イメージスキーマとは主体と環境を関係づける身体的な経験に直接結びつけて構造を示す概念である。

3. 情報の構造化：最後に、以上の方法で得た全ての基礎資料の情報を、KJ法によって構造化する。KJ法とは関連性のある資料ごとにグルーピングし、最終的に全ての資料の内容を包含する表札を得る方法である。

拝啓○○様.
時に囲われたあなたの居場所

お茶屋のおじいちゃん，地主のおばあちゃん，
皆さんの生活に耳を傾けました．

目隠しされた墓，家の隙間を縫うレンガの壁，
街に埋もれた見過ごしがちなものに眼差しを向けました．

今在るものを取り払い，新しいものを作っていくのではなく，
既にそこに在るものたちと生活を繋ぎ，豊かな場所へと再編することを意識しています．

もちろん歴史ある景観は一切損ねてはいません．
観光客で溢れる通りからは知る由もない，街並みの内側に，それはあります．

拝啓○○様．

観光に包囲された街に住む皆様の為のささやかな居場所の提案です．

集会所 　 食堂 　 銭湯 　 喫茶店 　 音楽室

---

00. 敷地 ｜ 埼玉県 川越市 都市景観形成地区

伝統的建造物群保存地区

※景観形成を図る志多町，宮下1・2丁目，喜多町，元町1・2丁目，大手町，幸町，末広町2丁目，仲町，松江町2丁目，連雀町

01. 背景 ｜ 実測により伝統とその価値を捉える

埼玉県 川越市 伝統的建造物群保存地区 一番街 立面図

□伝統的な街並みを保存し，ある種のブランド性を獲得した地域は，観光地としての需要が高まり町の活性化に繋がっている．

02. 問題 ｜ 観光地化の進む伝建地区の一番街

伝建地区における観光客数の推移

□反面，住民の生活が隅へと追いやられる事例は多く，これらの動向により生まれる街並みに，真の価値が在るとは言い難い．

03. 調査 ｜ 街並みの内側に潜む旧来の住人

住宅 　 自営業 　 テナント

既存及び提案の機能配置図

□実際，町家の商店の多くはテナントへと変わり，その奥にひっそりと旧来の住民が暮らしているという構図が見受けられた．

04. 提案 ｜ 表層的な街並みの奥に築く居場所

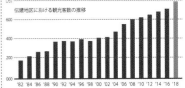

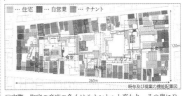

□そこで，保存の対象である街区の表皮には手をつけずに，その内側に，住民の為の居場所を防火壁と絡ませながら新築する．

05. 方法 ｜ 街の観察で得た川越らしさの投影

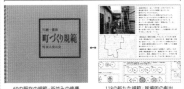

69の既存の規範：街並みの修景 ←→ 118の新たな規範：居場所の創出

□その際，人の生活に近い視点で街を観察し探究する中で見出した，表層的でない地域固有の空間的特徴を設計に落としこむ．

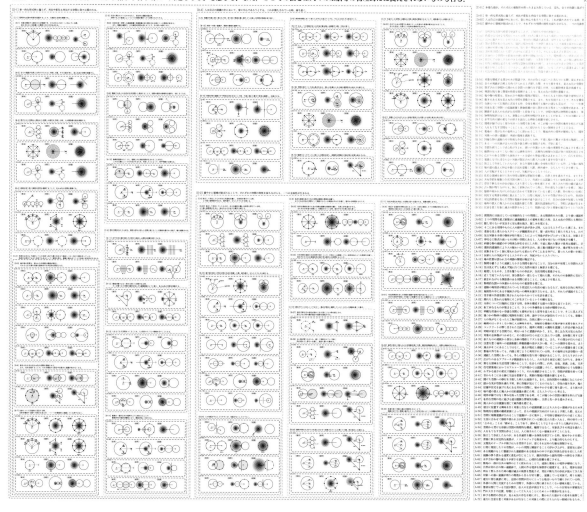

質疑応答

松田　118の「規範」と言っているもののつくり方は、どうなっているのですか？　あと原広司先生の言葉を借りてきていると思いますが、空間図式という言葉も使っていますね。

外山　まず、写真から誰もが確認できる事実、それに対する解釈、そしてそこでの経験の三つの記述を収めた基礎資料、写真日記を作成します。次に、身体的な経験に基づいた構想から主体と環境の関係を表す運動感覚イメージスキーマーという概念を用いて各記述を実証し、比較します。結果、サンプリングした628の空間のうち72の空間は事実と解釈と経験の三つの記述の図式がそれぞれ異なりました。すなわち、見ているものと心で感じているものに乖離がある、目視できる空間の構成に加えて、都市形態の背後に潜む物理的には捉えきれない何かが形成していると仮定できました。この72の空間と基礎資料をKJ法によって構想化します。関連性のある資料ごとにグルーピングし、全ての資料の内容を包含する情報を得ました。

松田　細かい点が、まだよく分からないのです。三つぐらいの文章が写真の横にあったところ、これを「解釈」しているのは自分ですか？

外山　この段階では自分です。

松田　それを経験記述と書いているのも自分ですよね。なので、そこからさっきの図式になるところが、すごく主観的に決めている感じがします。

外山　図式にする段階までは主観的に決めています。その後のグルーピング、構造化する段階で地域住民の人たちと一緒にボトムアップしていきました。

松田　全体的に面白そうな試みだとは思うのですが、この辺りのブラックボックスがいくつかあるのが気になりました。結局、どうやって先ほどの写真から図式化をしているのかというところが、まだ良く分からないままで、上手く騙されているような感じもします。

林野　118あった規範に関する案を、例を示して説明してもらえますか。

外山　例えば、このA17番。囲まれながらも開放感のある空間に居ることに心地よさを覚えるという規範から、小高いテラスを設けて見晴らしの良い環境を整えました。

林野　その間をもう少し説明していただけますか？

外山　この図式自体は、写真日記を比較するためのものであって、図式から標札、キーワードが生まれたわけではなくて、キーワード自体は事実と解釈と経験をまとめると出てきます。

平田　118もよく書けたね。あの抽象度からいきなりすごく具体的な案に変わっているじゃない。それは恣意的であるとも言えるけど、ある意味では解釈の自由があるということだよね。その解釈の自由があるという緩いルールだけど、118もあると結構緩くなるというあたりを狙っているのですか？　すごく不思議な設定だよね？

外山　118も出てきたのは、もともとはもっと少なかったのですが、住民と話し合っている中で気付きが増えていき多くなりました。

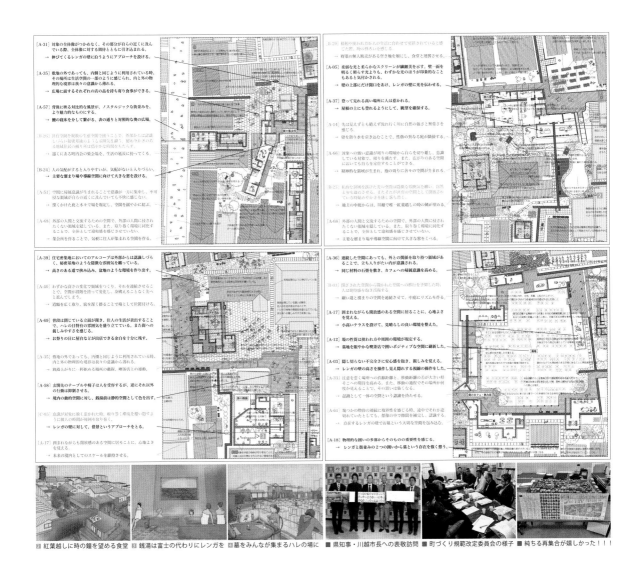

❷ 紅葉越しに時の鐘を望める食堂　　❸ 銭湯は富士の代わりにレンガを　　❹ 墓をみんなが集まるハレの場に　　■ 県知事・川越市長への表敬訪問　　■ 町づくり規範改定委員会の様子　　■ 純ちる再集合が嬉しかった！！！

緩くしてあるのは、今、既存のまちづくり規範というものが見た目の表層ばかりつくるもので、「何々しないでください」という規範に対して、僕のはその想像を促します。それで形態の規範ではなくて、こんな風景になればいいなという風景を喚起させる規範です。

中島　今の規範はかなりアレグザンダーの影響を受けていて、そういうやり方でつくっていますよね？ そのアレグザンダーのパターンランゲージに対して、これもブラックボックスだよね？ そのことを解こうとしているということもあるのですか？ 要するに、街並み規範に対してというよりも、その根本にあるアレグザンダーのパターンランゲージに対して、何かメッセージというか挑戦しているところはありますか？

外山　そのパターンランゲージが、直接こういう形態について研究しているものが多くて。パターンランゲージ自体が表層だとは思っていなくて、形態を決定する規範ではなくて、こういう風景をつくればいいなと考えました。その形態自体は自分で操作すべきだと僕は考えていて、こんな環境がつくれればいいなというものを、イメージさせやすいものを規範としてまとめました。

中島　抽象度が？

外山　そうです。そこはあえて抽象的にしています。

平田　なんで118なの？ 集落100の教えよりも多く、108という煩悩の数よりも多い。

外山　結果的に出てきただけです。

平田　何となくその緩いルールがたくさん重ねられることによって、何かが見えてくるみたいな。描き方として、新たな可能性を感じさせる設定ではあると思ったんですけどね。

外山　やっていること自体が、小さな居場所の集積で、緩い空間を少しずつ繋げていくみたいなイメージです。

平田　これはまちづくりで、周りが囲われているからそれで何かつくれたのだとして、このような考え方で建築がゼロからつくれるかどうかというとどう思いますか？ 新築の建築を同じような手法で、118か分からないけれど、それぐらいの数の緩いルールの重ね合わせでつくったりできるものですか？ それはどういう風に考えています？

外山　パターンランゲージは、一般市民でも使えるようにつくられたものだと思うのですが、僕がつくった規範は、建築家ではないのですが、ある程度建築に詳しい人もそのまちに介入してつくることを前提としているので可能だと思っています。

林野　少し答えがずれていて、平田先生がおっしゃったのは、今、これは改修なので何かを抽出した要素からこんなことをしましたということが言えるけれども、建築というのはそれだけではない、創造するという活動が必ず入ってきてしまうので、そのことの礎になるようなルールなのかなということだと思います。あるいは規範という言葉に引きずられすぎていて、それを外山さんの言葉で言い換えたらもう少しピンと来るかもしれない。

6位

相反する地表

KSGP 19049

池田 昇太郎 Shotaro Ikeda

北海道大学大学院 工学院 建築都市空間デザイン専攻

　緑溢れる高台に佇む日本万国博覧会（EXPO'70）（以下、万博）の会場跡地（以下、万博公園）。半世紀前、ここには戦後高度経済成長の頂点をなす国家的祝祭の高揚と興奮があった。

　緩やかに隆起する緑地の下に、大量の瓦礫があることを多くの人は知らない。広大な"公園"の地表を構成する、①古くからある丘陵地の地形、②万博後も残された会場の骨格をなす大通りや広場、③パビリオンと土木構築物の残骸である瓦礫やその上に人工育成された自然環境。これら3つのレイヤーは戦後日本の軌跡そのものである。つまり、国家プロジェクトの開催地における地形のスクラップ・アンド・ビルドの痕跡がこの地にはある。

　しかしながら、地形改変に関する歴史は覆い隠されている。万博以後も保存され、万博公園南東に位置するEXPO'70パビリオンで万博に関する常設展示が行われているが、万博前後の歴史に関する展示はなされていない。また、この地に関する大量の貴重な資料を抱える万博公園事務所は建て替え時期にある。さらに、約260ヘクタールの広さを誇る万博公園には休憩所が少なく、だだっ広い空間が延々と続くようである。

　以上の課題を考慮し、本プロジェクトでは地形・地層という歴史を再編し、それらを顕在化する資料館・休憩所・ギャラリーを提案する。

　地面に切り込み、その断面を暴きながら地下を空間化する。過去の地形で地面をかぎ取ることで生まれるボイド空間では、この地の歴史を内包した各レイヤーがレベルを変えながら互いの関係性を変え様々な現れ方をす

西方からの緑に覆われた万博公園の写真
（筆者撮影）

る。緑地で覆われた巨大な曲面空間、瓦礫で構成された地層、人工的で長大な廊下空間。これら各レイヤーが等価に現れる物語の無い空間が展開し、来訪者は主体性を獲得する。

　そこにライブラリーやギャラリーなど知的好奇心を刺激する機能が設けられている。かつてここが最新技術と英知が集積された場であ

った記憶を呼び起こしながら、21世紀を生きる我々の文化的土壌を静かに見つめなおすために。

　訪問者はここに身を置くことによって、空間体験を伴って歴史を知り、激しく揺さぶられることになろう。

　　自然とは？
　　歴史とは？
　　万博とは？　　　　　　…

　新しい時代の環境創造を見据え、過去を見つめ直し未来を描く場になることを願う。

（謝辞）
　本コンペティションに向けて"徹"だってくれた、上木翔太君、河野泉ちゃん、中川尚郁君、林響太君、藤田天道君、その他模型を手伝ってくれた後輩達、エスキスして頂いた先輩方、本当にお世話になりました。

（追記）
馬力・パフォーマンス・成果物

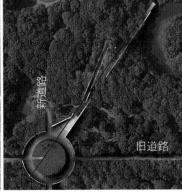

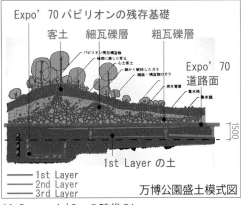

01. Design Site | コンテクストが重なり合う場所

来訪者のアクセス、コンテクストの豊かな重なりを考慮して、**新・旧道路の交差点を設計敷地とし、Expo'25 開催地舞洲への軸線に沿って計画する**。そうすることで、Expo'70 の会場を計画した丹下健三の代表的な軸線による計画手法もコンテクストとして包含する。

02. Research | 3つの時代のLayer

この土地は万博開催 (1970) 前後で、丘陵地→平らな万博会場→瓦礫の盛土で構成された万博記念公園、といった地形の改変がなされてきた。これらを順に 1st Layer, 2nd Layer, 3rd Layer とする。

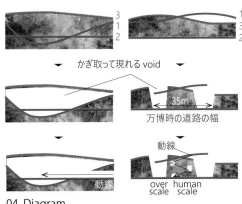

03. Research | 各Layerの重ね合わせ分布図

古地図の等高線から各 Layer の地形を再現し、文献からその高さ関係を明らかにした。上図は各 Layer の重なりかたの分布を示したものであり、これを頼りに設計を行う。

04. Diagram

各 Layer の形状で地面をかぎ取り、各 Layer が等価に現れる空間をつくる。そこに動線や本棚を設け資料館等の機能を満たす。この空間に物語は無く、来訪者が自由に思考を巡らすことができ、主体性を獲得する空間となる。

林野　この作品に高い点数を付けていた先生に話を振ってみたいと思います。平田先生、中島先生、3点を投じられていたのですがいかがでしょうか?

平田　瓦礫の地層とそれ以前の丘陵地の地層の両方ともに目を付けて、それを両方見える形で展示空間を展開するというのはすごく面白い。空間的にもなかなかダイナミックな案で良いと思いました。これは敷地を選択した基準とか、展示のウィングともう一つ、資料のウィングでしたっけ?　それらはどのように選び取って、どういう配置なのかをもう1回、敷地のコンテクストと地層のコンテクストとを合わせて話して欲しいです。さっきの地層の図で、その四角がどこにあたるのか、どこをトリミングしたのか。

池田　これに関しては上下関係を示しただけであって、地形が豊かかどうか分からないのですが、瓦礫を最も積んでいる場所を選びたくて、地層を見せるためにそこを選ぶ必要がありました。まず、すり鉢状なので端っこのよく盛っている場所を選定します。それだと基本的に第2レイヤーから第3レイヤー、瓦礫を積んだ後の歴史しか示すことができないため、万博当時のフラットな地形だとか、真っすぐな軸線の道路などを示すために、昔の道路が残っている場所があるのですけれど、まずそこの動線上にすることを決定して、地形が豊かな場所を選んでいきます。さらに、その後に新しくつくった道路との結節点があるのですが、そのコンテクストの重なりを示すた

めに、新旧の道路の結節点を敷地に選定しました。

樋渡　ファーストレイヤー、セカンドレイヤー、サードレイヤーが何を表しているのか具体的に教えてください。

池田　主に地形ですが、万博が開催される以前の丘陵地の山、谷、山、谷を繰り返す地形がファーストレイヤーになっていて、その後それを切り崩してフラットな地形にしたものが第セカンドレイヤーになります。

林野　ファースト、セカンドは同じ土によって成り立っているのですよね?　掘った時に色分けする論理が分からないという質問に結構近いかもしれない。組成が瓦礫でできているところが違う色になるのは分かるし、瓦礫の中に大きな瓦礫と細かい瓦礫があるという話がありますよね?　そういうものも組成の違いを色分けすることも分かる。最初の丘陵地を成していた土地の地面の成分はならすときに、同じ成分がならされているだけなのではないでしょうか?　それが②と③に分かれていることが分からないです。

池田　僕が主にファーストレイヤーとセカンドレイヤーで扱っているのは、土というよりは形状そのもので、サードレイヤーに関しても形状を扱っているのですが、さらに特徴的な地層というものを示すために先ほど地層の説明をしました。断面的な地表の形状です。

塚本　レイヤーというと層なのだけれど、その断面で出てくる層とはまた意味が違うの?

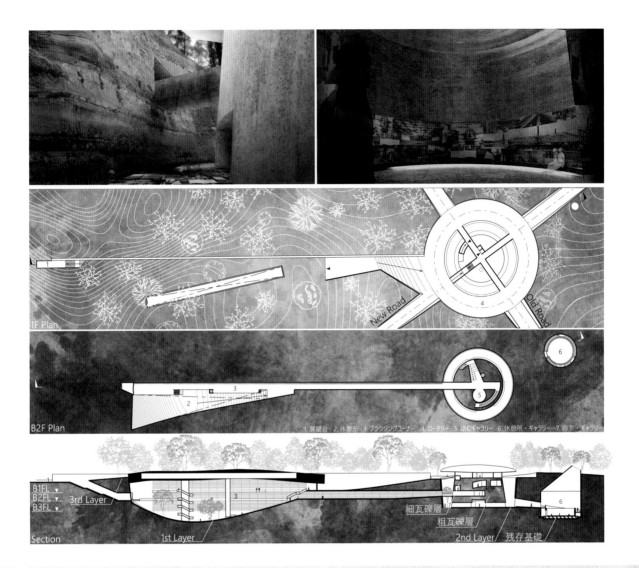

1F Plan

B2F Plan

1. 展望台　2. 休憩部　3. ブラウジングコーナー　4. ロータリー　5. 沿むギャラリー　6. 休憩所・ギャラリー　7. 廊下・ギャラリー

Section

B1FL　3rd Layer
B2FL
B3FL

1st Layer　　2nd Layer　残存基礎

細瓦礫層　粗瓦礫層

池田　そうです。形そのものが時代の変遷で、時代的なレイヤーとして自分は捉えています。

塚本　例えば、③、①、②というのは何となく分かります。③、②、①も分かります。第1の地層の上に瓦礫が載っているのかな？　①、③、②は何？

池田　この重なり関しては、時系列的に無くなったからファーストレイヤーがあって、ならして、セカンドレイヤーになったその上下関係を示したのではなくて、元々の地形とフラットな地形と新しくつくったすり鉢状の地形を自分で再現して重ね合わせたものです。

塚本　これは何？　創作なの？

池田　はい。

塚本　え？　これは調査に基づいていないのか。

池田　いいえ、調査に基づいています。

林野　地形の上下関係を表しているということですね。3つのバーチャルな地形をモデリングして、一番上に①の層があるときは①が来て、その次に③が来て②のように、「そういった上下関係で分離したらこのような図になりました」ということですよね。これを何か設計に活かしているのかと思ったら、そこはあまり関係無いと言っていたのは？

池田　そこはもちろん関係あります。敷地を選ぶことに関してはこの図は関係していません。

林野　では、これは何に関係しているの？

池田　ある場所を選んだ時に、そこでどの地形が上に来て、どの地形が下に来るのかということを設計の手掛かりにするためにこの分布図をつくりました。

中島　少し違う言い方ですが、地表がありますよね、緑に覆われている。それとこの図とは関係はありますか？　要するに、地面をデザインすると当然植生も変わってくるような気がするし、ランドスケープとしての観点が出てくるような気がする。そこは関係無いのですか？　下に何があろうと上は一緒なのですか？

池田　いいえ。これはプラスの問題なのですけれど、この建物をつくるとなった時に一度全部地面を掘らないといけないのです。地表を潰すことになります。

中島　ここは一度全部無くなるのですか？

池田　はい。ただ、この万博公園は人工的に造成された森なので、多様な植種が生えていないという状況にも問題があるのです。そこで自分が掘ることによって、間伐と同じ操作をすることによって、また新しく多様な雑多な樹種を植えることができるということも考えています。

林野　池田さんの設計とこの図面の関係というのは非常に大事なところなので、後でもう一度聞きますので、一旦終わりにさせてください。ありがとうございました。

石蔵の停留所 ―木骨石造による軟石と木造軸組の活用システム―

KSGP 19074

小島 厚樹 Atsuki Kojima

新潟大学大学院 自然科学研究科 環境科学専攻 建築学コース

小樽の石蔵をバスの停留所としてマチのネットワークに組み込む。待ち時間利用する停留所で住民同士が過ごす場を提案する。

背景として、北海道小樽市には、明治期以降建てられた石蔵が街に点在している。連続性を失っていく街並みに対し、孤立し静かに佇む石蔵には周りと流れる時間が違うように感じた。街の「空洞化」と同時に小樽の住民たちの生活に寄与してきた石蔵の「顕在化」が起きている。学校が壊され、病院や薬局が増えていく事例を小樽に住んだ18年間で身をもって体験し、とても寂しく感じていた。観光で賑わう一面と対照的に活気を失う市内の住民の生活を再考する。

設計対象は市内の孤立化した石蔵4棟とその周辺とする。本来小樽の石蔵は民家に付随し母屋の中から石蔵へアクセスする形態であったが、現在は民家が壊され「孤立化」した石蔵が見られる。マチとの接続を失い、このまま壊されるのを待つだけの孤立化した蔵を設計対象としている。

小樽は明治期から北海道初の鉄道が設置され、国際貿易の拠点として発展していった。北の玄関口となり、物の集積地として貯蔵・保管するための場が必要となった。

地場産の木材と小樽軟石という石材から木骨石造という耐火性のある石蔵が次々に建てられた。かつての小樽の豪商たちは民家に付随する形で石蔵を建てることをステータスとした。現代の住民には石蔵の存在が維持や管理で重荷になっている。

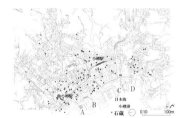

かつての豪商が建てた石蔵の残る小樽市街地

本提案の【計画プロセス㈠】では、「点在性」に着目し、高齢化の進む坂の町「小樽」での新たな暮らし方を提案する。坂の町の住民にとってバスは生活に欠かせない一部である。高齢化でこれからも必要性が高いものである。町に点在している小さな石蔵を停留所として再編することで、住民たちの一日の生活の動線に組み込まれる。さらにはマチとして

のネットワークに組み込まれる。石蔵はモノの時間をつなぐものから、ヒトの時間をつなぐ建築となる。

【計画プロセス㈡】では、「素材性」に着目する。積層された石壁への内と外に機能を付加させることで、小樽軟石という地場産の素材への再認識を図る。軟石の耐火性、保温性、通気性、色合い、質感、加工性、歴史性といった特徴を建築空間に利用する。付加するのはそれぞれ「図書館（書庫）」「ギャラリー（作品庫）」「市（物産庫）」「足湯（植物庫）」である。停留所に付加した機能により住民は一時の待ち時間を過ごすだけでなく、その空間に訪れることが目的になる。

【計画プロセス㈢】では、「構造性」に着目する。木骨石造は内部の木造軸組が屋根や床の荷重を受ける。木骨を展開させ、半屋外空間をつくる。住民が滞留できる「空間化」と、梁から連結により「耐震化」を図る。元々民家に付随していた石蔵に寄り添うように木質の空間が展開することで石蔵周囲を囲う建築が立ち上がる。「連続性」の失ったマチとの接続のきっかけをつくる。過酷な外部環境から年老いた石蔵を守るように展開していく。木質半屋外空間は奥の石蔵を緩く可視化させ、住民をさらに奥へ導く。

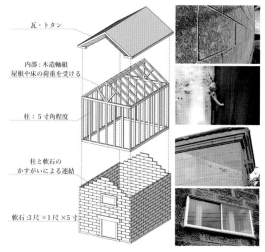

瓦・トタン

内部:木造軸組
屋根や床の荷重を受ける

柱:5寸角程度

柱と軟石の
かすがいによる連結

軟石:3尺×1尺×5寸

木骨石造構造

地元の木材と小樽軟石の存在から従来の大工の技術で建設可能で、安価な建設費、本石造より短い施工期間、火災への強さから小樽で明治期から急速に採用された。木と石の二つがハイブリッドしたそれぞれの素材性に着目できると考えた。

所有者によって使いこなされた石蔵

個人の所有である石蔵は、さまざまなカスタマイズがなされて使いこなされていた。軟石の加工性や木骨石造構造がそれを可能にしていた。小樽の石蔵は変化を享受することができると考えた。

梁の連結による庇空間で物産を眺めながら待つ

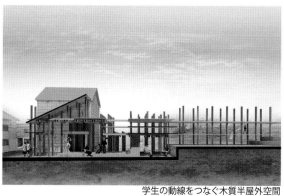

学生の動線をつなぐ木質半屋外空間

木骨の展開により空間化される石蔵外部

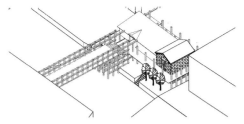

病院の動線とつながる停留所

病院の待ち時間、帰宅時のバスの待ち時間に立ち寄って、書庫から本を選び、思い思いに時間を過ごす。

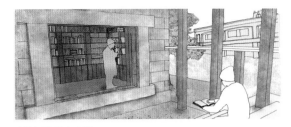

木骨を利用した本棚

本棚を付加することで、住民が石蔵の内部へ近づき、軟石を再認識する。階段空間と軟石が醸し出す雰囲気が合わさる図書館で夕暮れを感じる。

階段空間と一体化する書庫

平田 バス停と組み合わせたのは面白いと思っているのですが、高齢化で、高低差のあるところを歩きにくい人たちがたくさんいるという環境に対して、この蔵の分布が割と等高線に沿った分布になっていたような気がします。結構高いところもあるのですか？ それがぐるぐる周れるようになっていますか？ 小樽駅とか、南小樽駅の辺りに集中していて、それは割と低地の部分で、その上の、少し上がったところにもぽつぽつとある。これも設計の中に取り入れているのですか？

小島 僕が挙げたのはA、B、C、Dの四つのところで、上のところまでは挙げてはいません。しかし、ネットワークで繋ぎたいというのが僕の提案です。元々の海岸線沿いのラインがあるのですが、その運河沿いのラインがここから隆起していて、このように坂になっていて、そういうところを利用できるかなと思っています。

塚本 最初の坂も？

小島 そうですね。こっち側にも坂があって、特に意識しました。

中島 敷地の中での蔵の配置ですが、その道に面していますか？ 蔵って何となく裏側にあるのではないかと思うと、本当にこれはリアリティがあるのかな？

小島 イメージでお答えすると、350棟ある蔵の中で、割と道から少し見えないところにあって元々認識されてこなかった。空洞化することでどんどん表れてきたというものです。

宮下 それは建物が滅失して、奥の蔵が見えるようになってきたということですか？

小島 はい、顕在化してきました。

宮下 模型を見ると新しく加えた木造部分が非常に多くて、強く出ているように感じます。新しく設計した部分では、石を意識的にあまり使っていないような気がするのですが、その辺は何か意図があるのでしょうか？ 石を使って設計しているのはどのあたりか教えてもらえますか？

小島 まだ説明できない部分で、石を設計に取り入れているところはあります。例えばDでは足湯というプログラムを組み込んで、小樽軟石は凝灰岩なのですが、柔らかい石で足湯の熱を利用して暖かく待てるのではないかという提案をしています。

宮下 拡張していく部分には木を意識的に使用して、石は蔵内だけに限定しているという考え方ですか？

小島 はい。

樋渡 私は、提案というよりも着眼点にとても注目しています。この小樽軟石というのは、地元ではどのくらい認知度があるのか、価値のあるものなのか。自分が再発見して着目しているものであればものすごく良いと思うし、すでに価値付けされているもので、残そうという意図がここにあるのか無いのかで、全然変わってくると思います。

小島 僕は18年間ここで育ったのですが、小樽軟石のことはその間は全く知らなくて、調べてみるとNPOの方々が現在研究などを

足湯によって蓄熱する停留所

熱を利用した植物庫

進めていて、小樽軟石という価値を認知させようという会を始めているところです。

塚本　石造りの倉庫もありましたっけ?運河沿いに。

小島　運河沿いには石造りの大きな倉庫があります。

塚本　あれも同じ小樽軟石?

小島　そうです。

塚本　そうですか。それでは地元では十分知られてはいるよね?

小島　そうですね。

平田　この模型で見ると、中の木と外の木が繋がっていないように見えるのですが、ボール紙でつくったプラットホームで繋がっているけれど、それって難しいのではないですか?構造としてどう考えています?　外に増築しているわけですよね?　増築しているものの柱が木なのは中と共通の素材っぽいのですが、本体にアタッチしている部分は床みたいなものがついているよね?それが何でできていて、どのように接続されているのかが分からない。その蔵の部分が全くアンタッチャブル。全くびた一文でも壊したらいけないような文化財なのですか?そこまでではないのだとすると、石の部分が、あるいは入口のところから中に構造体が入っていったりとか、多少外に拡張するための何か仕掛けをつくっていく必要があるような気がします。だから今、外に増築されているのは全部木でやられていて、石の話が消えていることと構法的にもきちんと繋がっていないのが、どこか似ているような気がするのですが、どうですか?

小島　まずお答えしたいのは、石蔵は各戸が持っていて、みんな住みこなして窓を勝手に開けたり、屋根を無落石型にしたりと、どんどん勝手に住みこなしていって、柔らかい石なのでどんどん穴を開けたりしている。というのが、僕が調査した時に思ったことです。そういうものは変化していっていいのか、手を加えていいのではないかなと。

平田　それなら、新しくその加工性を利用して、その石をまた新しく利用したようなものも加わったりしていても。さっきの切断じゃないけど、そういうものはないのかなと思うのですが。

林野　繋がっている部分の構造に関する考えは何かありますか?

小島　中の木骨に梁を通していますが、そこは石に穴を開けて、木骨を繋げようと思っています。変なスラブに関しては、シャンプーハットのようにして、周りに落石などをしないように、危険性から守るためにシャンプーハットのように付属している形で考えています。

松田　内観パースはありますか?外から見た模型とか、システムの話はあったのですが、内観の話があまり出なかったので。

小島　これも一応内観で、こっち側が階段部分です。

松田　なるほど。ただ基本的には断面パースで、内部を覗いたという感じですよね。内部に入った視点からではないものかと。全体としてネットワーク的なシステムをつくろうという意図が強いのは分かりますが、出来上がる空間が後回しになっているのかな、という印象はありました。

8位

町家第五世代 〜新・町家の類型学〜

KSGP 19093

森 大輔
Daisuke Mori

塚越 喬之
Takayuki Tsukagoshi

三島 みらの
Mirano Mishima

金沢工業大学大学院 工学研究科 建築学専攻

　建築家ユニット、アトリエ・ワンが金沢の都市を調査し作成されたのがガイドマップ「金沢、町家、新陳代謝」である。原形をとどめている第一世代から町家の特徴を引き継いでいるビルを第四世代までを分類、地図上に示し、分析を行った。

　第一世代町家−藩政期に完成した形式を踏襲しているもの

　第二世代町家−第一世代の町家に部分改修がされているもの

　第三世代町家−町家の特徴を持っている建て替えられた住宅

　第四世代町家−ビルなどの機能で町家の特徴を持っているもの

　金沢は第二次世界大戦の戦火を逃れたため、現在でも藩政期に形成された都市構造が残っている。金沢において町家は金沢の街並みを形成する重要な要素となっていた。

　金沢駅をはじめとした駅の設置や道路拡張によって、近代化に伴う建て替えがあっても藩政期に形成された都市構造が残っているため、町家の要素を無意識的に継承している建物が現在でも多く存在している。現在でも、藩政期からの区画が残っているため、金沢には町家の要素を持った住宅が無意識的に生まれている。しかし一方で、区画整理や法改正、

また北陸新幹線開通による道路の拡幅、都市計画道路の開通、用途地域の変更などが要因となり、藩政期からの区画が変容されることによって、町家の要素を持ち合わせた建築が自然に建たなくなった土地も多く存在している。変容された土地はヘタ地や旗竿地などの変形敷地になることが多く、そういった土地には金沢という土地とは切り離された画一的

金沢市を通る主要な都市計画道路
および駐車場の分布図

な建物が建つか、駐車場になることが多くあり金沢の景観を壊している。

　また、北陸新幹線の開通によりメディアなどで取り上げられることが多くなり、金沢の知名度は上昇している。町家群をはじめとする金沢の景観や文化は重要な観光資源となっている。金沢の町家は、広いドマや土縁、深い軒、など現代の画一的な商品化住宅にはない、金

沢という地域に対しての建築の応答を見せ、地域性や風土性を内包していた。例えば、セドと呼ばれる中庭空間は金沢の降水量、降雪量の多さから京都の町家の中庭と比較しても小さい。このような町家の要素は金沢の歴史、気候風土との連関によって生まれたものである。

　町家の持っていた要素や構成を再解釈し、現代的に翻訳することで、金沢の地域性や気候風土を内包し、現在の画一的な住居にはない繋がりを生む建築を作ることができるのではないだろうか。今までは自然発生的に建っていた町家を歴史が重層していく中で発生した町家を建てることが困難な敷地に建てる。町家の構成を踏襲しそこに単純な操作を加えることで敷地に対応した形を持つ新たな町家の類型、『第五世代町家』を提案する。第一世代から第四世代の町家の背景に藩政期からの歴史があったように、第五世代の町家では近代に起こった区画整理なども背景として考える。町家がその空間の特徴によって歴史や街との繋がりを持っていたように、第五世代の町家は近代の歴史、都市計画、それによって生まれた状況と繋がる建築である。金沢に今起こっている都市の変容に対し、潜在的な建築的資源を活用しながら、街の風景を整えていくための町家の新たな類型である。

ウキマチヤ

区割りの変遷によって生じた、2面接道の極細地が対象である。犀川に面した穏やかな通りとショップなどがある賑やかな二つの通りに面する。

異なる魅力がある二つの通りを繋ぐために、町家に「浮かせる」という操作を加える。

町家では前面にあったミセが、通り抜けが可能なパブリックスペースとして変換され、二つの環境を繋いでいる。また、トオリドマは立体的に展開され、セドは肥大化させ二つのボリュームを分けることで、風や光の通り道として機能する。

周辺の街並みと調和しながら、街の中に新たな流れを生み出す建築を目指した。

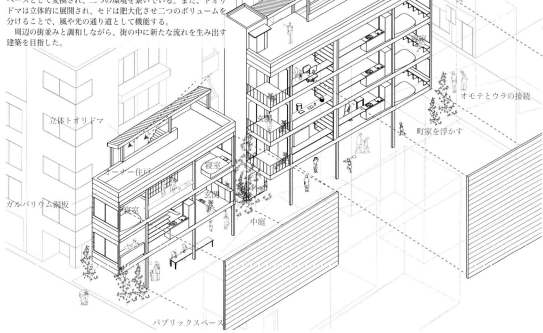

立体トオリドマ

オーナー住戸
寝室
寝室

ガルバリウム鋼板

中庭

オモテとウラの接続

町家を浮かす

パブリックスペース

町家を浮かすことで商店がある都市的な道と川への眺望がある道の二つの環境を繋いでいく。通り抜け可能な一階部分には店舗や庭が現れ、ビルに挟まれ暗くなる中央部分にはセドが肥大化した大きなスリットが光や風を届ける。

マキマチヤ

土地の分割によって生じる旗竿地が対象である。

町家に「巻く」という操作を加え、敷地の外周に沿った建築である。町家の持っていた、奥に行くにつれてプライベート性が高まる空間構成を踏襲し、最も奥の寝室を二階に持ち上げ、貫入させることで竿地部分の店舗との境界を作っている。

町家のトオリドマは中庭のテラスに、セドは隣家の庭と接続した庭に変換されている。

持ち上げた二階や諸室の開口を、巻いたことで生まれる中庭、隣家の庭や用水と連続させ、近接した住宅によって生まれる周辺環境と建築を繋ぐことで、旗竿地という敷地以上の広がりを目指した。

町家を巻くことで町家の持っていた細く長い奥行きを残しつつセドを大きくしたような中庭を持つ店舗付き住宅である。巻くことでできた敷地の隅に現れる庭たちは隣家の庭と接続し一つの大きな庭を作っていく。

内側の壁を白い漆喰仕上げとすることで南から落ちてくる光を中庭内に拡散する。

屋根を中庭側から外側に落ちるようにかけることで雨の多い金沢において雨の落ちない半外部空間を家の中心に持つことができる。

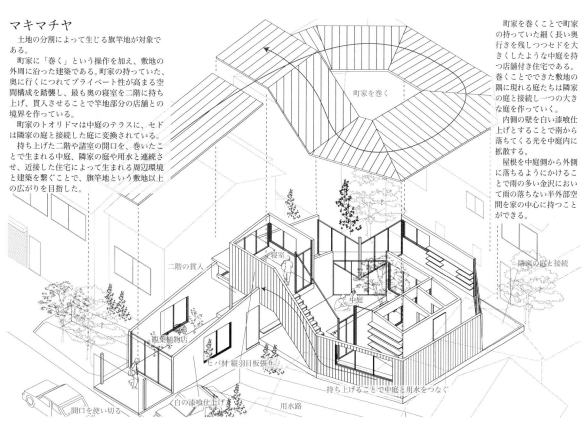

町家を巻く

隣家の庭と接続

二階の貫入

寝室

中庭

観葉植物店

ヒバ材縦羽目板張り

白の漆喰仕上げ

間口を使い切る

持ち上げることで中庭と用水をつなぐ

用水路

キレマチヤ

都市計画道路の開通によって生じたヘタ地が対象である。

町家に「切る」という操作を加え、ヘタ地いっぱいに建築を建てることを可能にするとともに、町家ではドマであった部分が、接道に対し露出する。

町家が切られることで、トオリドマだった場所が道に対しての新たなファサードとなり、町家のミセ空間が長手側にも周る。そこは他者や生活を受け止める余白となり、外壁を半透明ポリカーボネートとすることで生活が街に溢れる。

隣家と連続し、街並みを整えながら新たな正面性を作る建築を目指した。

連続したファサード
テラス
庭
リビング
寝室
キッチン
トオリドマ
町家を切る
キムスコ
半透明ポリカ
都市計画道路

町家を切ることでトオリドマが露出し、都市計画道路の歩道と繋がる。ファサードが長手方向に変換されることで小屋が長手方向に現れる。町家の区画を切断し現れた計画道路沿いに町家の持っていた小さな庇空間は雨の多い金沢においては信号待ちの少しの休憩などに使われていく。

またセドが露出することによって歩道沿いに緑を提供する。そこに設えられた風呂場の開口は階段やテラス、植栽によって視線を切りつつ開いている。

質疑応答

松田 典型的な町家の形式とは、かなり違うことをやろうとしているのではないですか？ 町家の定義、何が最低限あれば町家だと考えているかを聞かせてもらえますか？

塚越 まず、町家の特徴として挙げられるのは五つほどあり、隣家と接するであったり、奥行きのある空間という形式の構成だったり、切妻平入であったりです。僕らの第五世代の提案は、五つの要素のうち一つを誇張するというか、そこに対して操作を加えて、それを現代的に、今の価値として変換しているものを第五世代の町家としています。

松田 その場合も他の四つは満たさないといけないのではないですか？

塚越 満たさないといけない訳ではないと思っています。

林野 その五つの要素というのはどこから来たのですか？

塚越 例えば、「金沢の町家」という文献の調査だったり、塚本先生のお書きになった「金沢、町家、新陳代謝」といった中からです。

林野 設計者がまずそれを定めたということですね。

松田 町家の条件については、最低三つとか四つとか満たさないと、誇張したところだけだと、もう町家ではなくなってしまうのではないですか？

塚越 町家は、まず、金沢特有にある街並みを直接的に形成する建築だと思いますが、それを外観的に踏襲するときに重要視したものをそれぞれの敷地において誇張しました。

松田 定義上、町家と一般住宅との境界線はどこかで絶対考えられる

はずなので、そこまで考えたのかが聞きたかった。それが考えられれば、第五世代町家と名付けているものを明確に位置づけられるはずです。

塚越 町家はその店というのを介すことによって、公と私を繋いでいたと思いますが、この第五世代の町家を提案する時に最も意識したことは、一般的な、ステレオタイプとしての住宅ではなく、ある敷地に生まれている、現代の状況と、そこに建つ建築を町家のように繋ぐというのを意識して設計しました。

平田 方便という言葉があるじゃないですか。方便でもこじつけでもいいから何か繋げてしまうというところが、人間の歴史をつくっているところもあると思っています。その方便が少しあってもいいのではないのかな。例えば、残りの要素に関しても、通り土間がオープンになってしまうとそれは通り土間ではないのではないかと。方便としても「成り立つ」、「成り立たない」のラインがあると思うのですよ。ぎりぎり成り立つあたり全然変質してしまっているというのが、面白そうな気がしています。そういうことをみんな指摘しようとしている。もしかしたら、残りの二つはかなり町家のようだったのだけど、そうではないのを先に二つ見せてしまったというのも、少し印象が不利になっているかもしれないですね。

塚本 職住一体というのも町家の特徴だし、格子、それから付庇（つけびさし）とかもあるのですが、その辺はあまり出てこないのですか？ 模型を見せてもらったけど、格子は基本的には使っていない？

塚越 格子は基本使わなかったです。第五世代と言っている通り、

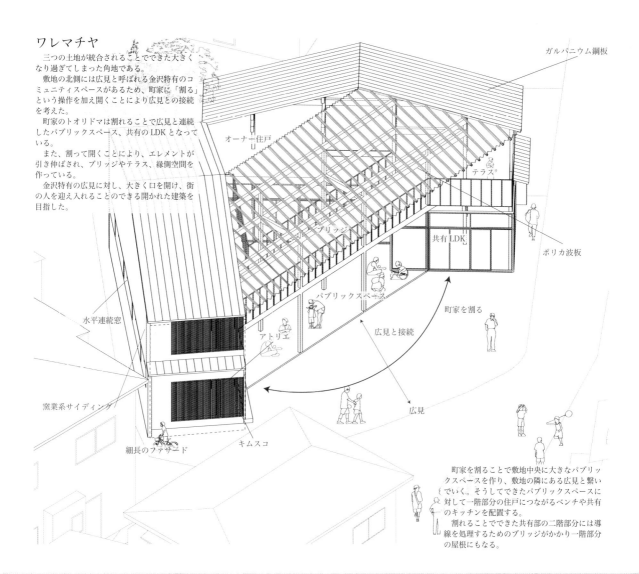

ワレマチヤ

　三つの土地が統合されることでできた大きくなり過ぎてしまった角地である。

　敷地の北側には広見と呼ばれる金沢特有のコミュニティスペースがあるため、町家に「割る」という操作を加え開くことにより広見との接続を考えた。

　町家のトオリドマは割れることで広見と連続したパブリックスペース、共有のLDKとなっている。

　また、割って開くことにより、エレメントが引き伸ばされ、ブリッジやテラス、縁側空間を作っている。

　金沢特有の広見に対し、大きく口を開け、街の人を迎え入れることのできる開かれた建築を目指した。

ガルバニウム鋼板

オーナー住戸

テラス

ブリッジ

共有LDK

ポリカ波板

パブリックスペース

水平連続窓

アトリエ

町家を割る

広見と接続

窯業系サイディング

広見

細長のファサード

キムスコ

　町家を割ることで敷地中央に大きなパブリックスペースを作り、敷地の隣にある広見と繋いでいく。そうしてできたパブリックスペースに対して一階部分の住戸につながるベンチや共有のキッチンを配置する。

　割れることでできた共有部の二階部分には導線を処理するためのブリッジがかかり一階部分の屋根にもなる。

アタッチメント的というか、表層的な部分は第三世代や第四世代になった時にだんだん変換されて、いらなくなってきたのかなと思っています。その連続として位置付けるために付けなかった。

塚本　第三世代、第四世代というのは、後からアトリエ・ワンみたいなのが金沢を見た時に、相対的に見ると系譜学的にはそう言えるというだけのものだから、計画概念ではないのですよ。だから十全な町家を頭に置いて、その再解釈として設計した方がいいと思う。例えば、格子なんて取り入れやすい要素ですが、なぜ用いないのかは、今の答えで分かりましたけど。外科手術的だね。あまり批評しちゃいけないな。

中島　もう一つ大事なのは、個と全体の関係。個でも成り立つけれど、街区として並んだ時にその庭の位置が上手くあって、互いに環境的に接するとかがあるのだけれど、それから考えると、そもそも敷地がかなり固有な、一つの場所での提案がたくさんあるという感じなので、町家ではないのではないかな。プロトタイプとして並んだり、まちを形成するという感じには見えないけれど、それを言われた時にどう答えるのですか？

塚越　選定敷地も建物の横は、すでに町家がまだずっと残っているのですが、それを意識して、連続したファサードというのをそのまま残してあります。ある連続した街並みというのが、町家や金沢の特徴的なところでもあると思うのですが、敷地の選定は、そういった変形敷地を対象にしています。先ほど駐車場をプロットした地図もありましたが、そういった敷地は駐車場にされたところがすごく多

くて、そこに対して、その周りにある町家の街区が残っているものと連続するように、町家にある操作を加えて、提案しました。

宮下　先程の格子も含め、第五世代と呼ぶべきかどうかという件は置いておいて、この案が系譜の中での新しい町家の解答と考えるのであれば、これまでの町家の何が何に取り替わっているという点をもう少し説明してください。町家を定義する別の表現や現象として現れている点はどこなのでしょうか？　その置き換えをきちんとやらないと、ただ町家の要素を無くしただけみたいな話になってしまいます。時代の変遷とともに、中庭の位置付けが変わったという話はありましたが、他にもあるならもう少し説明できるといいのかなと思います。

塚越　それこそ、塚本先生がおっしゃった付庇（つけびさし）ですが、模型だとこのこっち側の小さい庇が無くなって、こっちの庇だけが残っている。これは都市計画道路で敷地が切断されたヘタ地に建っているのですが、それは都市計画道路が通ることによって、ファサードがこっちからこっちに変わったと言えると思います。だから、そのためにファサードをこっちの切断面に対して提案する時に、その町家の付庇（つけびさし）を、こっち側を無くして、この新しくつくるファサードの方に付けました。

宮下　例えば、こちら側に木虫籠（きむすこ）が付いていて、こちらにはなぜ付いていないのだろうという点が少し不明確ですね。どのように用途が変わっていくのかという辺りが解けると、分かりやすいと感じました。

鳥のいる日常 -人と鳥のための建築によるグリーンインフラ空間の再編-

KSGP 19138

高梨 淳 Atsushi Takanashi

東京理科大学大学院 理工学研究科 建築学専攻

□背景

人と鳥の関わりの歴史は遥か昔に遡る。人類が肉食獣に追われているころからその頭上には鳥が自由に羽ばたき、人類が頭脳を持ち出すと貴重な食料となり、私たち人間の命をつないできた。余暇を過ごす自由を持つと鳥たちが季節の移り変わりや信仰心、世界の美しさを享受してくれた。世界を旅する鳥により世界ともつながってきた。つまり人と鳥は歴史と共に空間を共有し、生活をしてきたのである。

□敷地

本設計の敷地はビル群が乱立し、再開発が行われている渋谷である。渋谷周辺には明治神宮、新宿御苑をはじめ、様々な緑地が点在しているがその緑地同士の関係性はない。また来る2020年新国立競技場の建設により大きな変革が起きたこの地では生態系が崩れ始めている。

□提案

現代における人と鳥の関係を見つめ直し、人と鳥のための建築を4つ提案する。これらの建築群により都市におけるグリーンインフラの再編を計画する。空を自由に飛び回る鳥たちにより敷地を超えたつながりを生み出す。

□敷地選定

鳥の平均飛行距離、営巣可能距離（500m）からそれぞれの緑地から活動範囲を作成し、それらの重複した点を敷地とすることでそれぞれの緑地を結ぶ結節点となる。

各敷地のコンテクストからプログラムを決定し、鳥の生態特性から建築形態を決定していく。

高層ビル群が立ち並ぶ中で、都市のオアシスとなる渋谷の緑地

□建築手法調査

渋谷的生物多様性に配慮した建築の手がかりとして二つの調査を行う。

①渋谷周辺に見られる野鳥を観察し、体長、食性、営巣位置などの観点からデータを集め、渋谷的野鳥図鑑を作成

②世界で建設されている生物多様性に配慮した建築事例を収集し、分類、モデル化する

ことで生物が住み着きやすい建築形態を獲得する。

この二つの調査を設計手法として援用することで渋谷的生物多様性に配慮した建築を計画する。渋谷の土地性を獲得したこの建築は生態系を熟成し、地域に愛着を一心に受け、建築となる。

□建築説明

①渋谷センター街の建物裏などにいる害虫を鳥の捕食機能の生態系サービスを用いて渋谷のランドマークとなる休憩、広告塔

②代々木住宅街周辺の花の蜜を吸った鳥たちの鳥の種子媒介機能を用いて受粉、育成を行い地域の交流の場となる都市立体農園

③補修工事中の首都高速新宿線高架下の仮設足場に単管パイプなどの簡易建材を組み合わせ巣箱や植栽ポッドなどにより新たな高架下景観となる緑のコリドー

④明治神宮参道入り口に鳥の文化・教育の対象としての生態系サービスを用いて参拝者と野鳥観察者をつなぐ野鳥観察小屋

これらの建築により都市におけるグリーンインフラ空間を再編し、時間の移ろいと共に豊かな生態系となり、まちのシンボルとなる建築はまちの愛着を一心に受ける。

□鳥の生態特性からグリーンインフラ空間の再編

渋谷区周辺の緑地をプロットし、その点から鳥の平均飛行距離、営巣可能距離（500m）から敷地を選定することにより、それぞれの緑地をつなぐ結節点となる。

■敷地選定方法
①小型鳥類の平均飛行距離 200～500m
②鳥類の営巣可能距離 500m
生物の生息可能な拠点から 500～1000m
エリアの中で他の拠点と重なり合う箇所を敷地とする。
それぞれの拠点によって他の緑地への飛行や生態系の保持に繋がる。

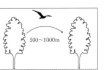

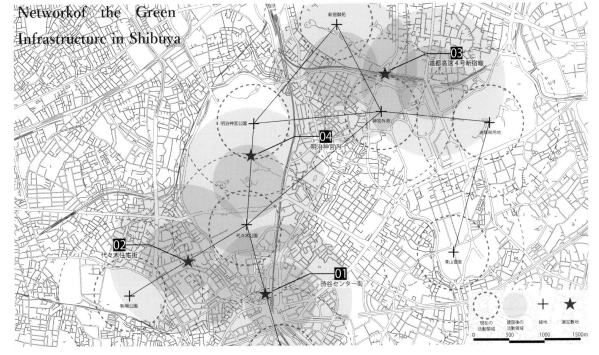

Networkof the Green Infrastructure in Shibuya

□渋谷的生物多様性に配慮した建築の手がかり

❶渋谷周辺に見られる野鳥を①体長②食性③営巣位置などの観点からデータを集め渋谷的野鳥図鑑を作成する。
❷世界で見られる生物多様性に配慮した建築を収集、分類、モデル化することにより生物が住み着きやすい建築を形態を獲得する。

このふたつの手法を用いて渋谷的生物多様性に配慮した建築を計画する。渋谷の土地性を獲得し、地域に愛される建築となる。

■渋谷的的野鳥図鑑

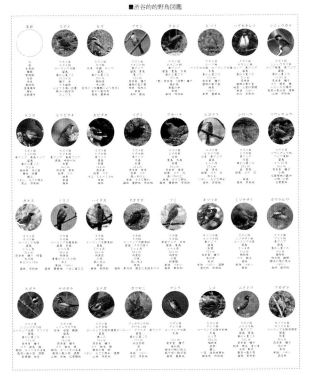

■生物多様性に配慮した建築 バイオアーキテクチャー

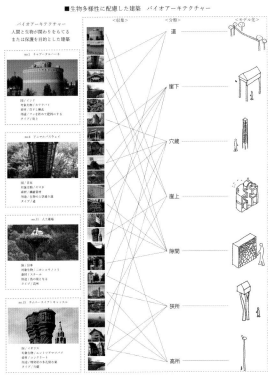

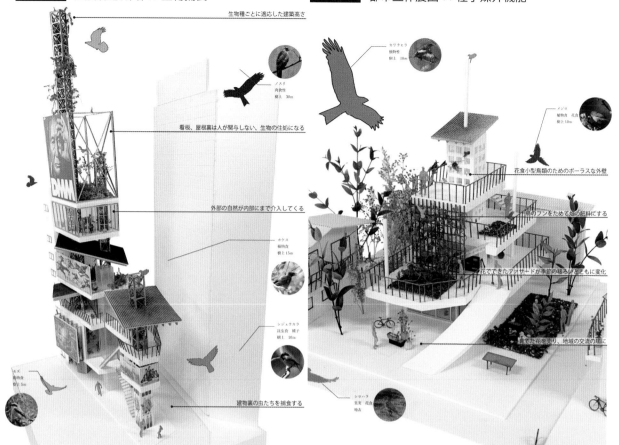

01 渋谷センター街
広告休憩所塔 × 生物捕食

生物種ごとに適応した建築高さ

ノスリ
肉食性
樹上 30m

看板、屋根裏は人が関与しない、生物の住処になる

外部の自然が内部にまで介入してくる

カケス
植物食
樹上 15m

シジュウカラ
混虫食 種子
樹上 10m

モズ
動物食
樹上 5m

建物裏の虫たちを捕食する

渋谷センター街に建築裏にいる害虫に対して鳥の捕食機能の生態系サービスを用いて休憩所、広告塔となる鳥たちの都会の楽園を提案する。

02 代々木住宅街
都市立体農園 × 種子媒介機能

カワラヒワ
植物性
樹上 10m

メジロ
植物食 花食
樹上 10m

花食小型鳥類のためのポーラスな外壁

鳥のフンをためて畑の肥料にする

花でできたファサードが季節の移ろいとともに変化

育てた花を売り、地域の交流の場に

シロハラ
果実 花食
地上

敷地である代々木住宅街周辺には草花が植えられているが鳥の居場所はない。花粉や種子を鳥の種子媒介機能を用いて受粉、育成を行い地域の交流の場となる都市立体農園を提案する。

質疑応答

中島　明治神宮らしいというのは分かるけど、歴史性というのは何になるのですか？

高梨　僕は、人と鳥が歩んできた歴史を歴史と捉えました。それは遥か昔から人が鳥と一緒にいた共有空間です。

平田　明治神宮の森も結構人工的な森で、その人工的につくられた森の環境に鳥が住んでいたと。今度さらに鳥の住む環境を、すでに人工物が満ち溢れている周りの都市の環境まで拡張するという意味で、さらなる人工と鳥たちの世界の境界線を歴史的に拡張するという、ある種、歴史概念の拡張も同時に行っているという案なのかな？ それはそれで面白いと思ったのですが、なぜある時代の仮設建築物とか、あるいはトラス加工とか乗り物っぽい感じとか、インダストリアルな感じとかが全体を貫くボキャブラリーになっているのですか？ 鳥というのと、人工物というものの間という要素を考えた時に、もう少し別の見たことのない感じというのが出てきても良いような気もするのですが、それはどうですか？

高梨　結局、今建っている建物というのは、生物をある程度排除しているとは思うのですが、そこのどこかには生物が住み着くと思っています。自分がやったのは、まずは人も使える建築をつくりたいと思っていて、あくまで都市部に建つ上で、建築とみなされるというようなものをつくりました。

樋渡　これは単純に見ていると、東京の中でもすごく緑に溢れた場所じゃないですか？ 鳥にとっては本当にここが良いのかどうかみたいな。もっとまちの中というか、緑の少ないところを繋ぐというグリーンインフラの方が説得力があるのかなと。

高梨　そうです。都市部における建築です。

樋渡　でも明治神宮もあるし、新宿御苑もある。もっと緑が溢れた、鳥にとって環境に良いところが近くにあるから、わざわざここに行くのかなというのが少し疑問です。もう少し緑が少ないところの方がこういうものを点在させて、鳥の住み処をたくさんつくるという方がグリーンインフラとしては有りなのかなと思います。鳥の視点に立つと、もっともっと広範囲で考えた方が良さそうです。これで見ると人間の視点になってしまっていて、自分の行動範囲くらいだと思うので、鳥の視点に立つと、おそらくもっと広い範囲でグリーンインフラを考えてあげた方が良いかなと。

高梨　まず、敷地の選定の仕方は、鳥が日常的に活動する範囲というのを取って、その間を敷地としているので、例えば、新宿御苑と明治神宮の緑地の生き物が繋がるなどします。それがどんどん広がっていくのを展開しています。

樋渡　分かりました。では鳥とまとめずに、「この鳥は」と分けた方が良いかもしれません。

高梨　そうですね。

中島　明治神宮の森に鳥がいるだけではだめなんですね。鳥と人間と

03 首都高速4号新宿線高架下
仮設工事足場 × 緑のコリドー

住民が植木鉢を置き景観をつくっていく

高さにより集まる生きものが異なる

ツグミ
昆虫食 果実
樹上 20m

ミツバチ
花食
樹上 15m

ナミアゲハ
花食
樹上 5m

工事とともに緑のコリドーが延伸する

アオジ
昆虫食 種子
樹上 10m

首都高新宿線高架下の補修工事による仮設足場に単管パイプやクランプ等よりフレームを作り、巣箱や草花を植えること新たな景観となる緑のコリドーを提案する。グリーンインフラが線的につながる。

04 明治神宮の森参道入り口
野鳥観察小屋 × 文化・教育の対象

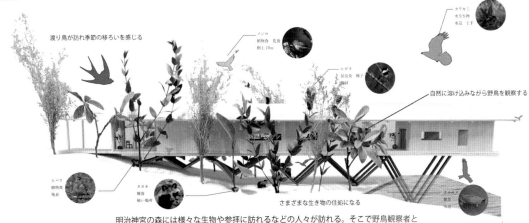

渡り鳥が訪れ季節の移ろいを感じる

メジロ
植物食 花食
樹上 10m

カワセミ
水生生物
水辺 上手

ヒガラ
昆虫食 種子
樹上

自然に溶け込みながら野鳥を観察する

ヒバリ
植物食
地表

タヌキ
雑食
暗い場所

さまざまな生き物の住処になる

明治神宮の森には様々な生物や参拝に訪れるなどの人々が訪れる。そこで野鳥観察者と神宮参拝者等を結ぶために参道、森、池のレイヤーを横断した野鳥観察小屋を提案する。

の関係を再生したいから、都市の方にも鳥が来るようにしているという、そういう理解で良い?

高梨 そうです。

塚本 オオタカという文字を見たのですが、明治神宮にオオタカがいるの?

高梨 観察できています。

塚本 そうなんだ。すごいね。でもオオタカは用心深いよね。出てくるかな?渋谷の交差点のところに。

高梨 それは、僕は鳥ではないので分からないですけど、一番建築の上に建っているもの、周りの既存よりも高い位置に建たせておいて、人気の無いような場所などに止まってもらえるかなと。

樋渡 オオタカはいるらしいですよ。代々木に住んでいる知り合いの人が、自分の庭に来たと自慢していました。

塚本 民家の庭に来るということは、明治神宮の外に出るんだね。うちの屋上も雀がたくさん来ます。赤坂御苑と新宿御苑の間くらいなので、休んで糞をいっぱいするので困ったと。それでビジュアル・スケアーというプラスチック製の目がギロッとしたミミズクの人形を買って置いたら、雀は来なくなった。でもモズは未だに来ます。生物多様性の建築について研究室でも研究している経験からいうと、生き物の住み処が足りない場合は、建築が結構有効だと思います。だけど食べ物の問題から行くと、建築ではない回答の方が良い感じはするのだけどね。実のなる木が屋上

にいっぱい生えているとか、食べ物がきちんとできるような環境を用意することによって鳥が来る。鳥が来る想定で建築をつくるというよりは、鳥が好む食べものをつくる、そのためには何が必要かというように、生態学的に遡っていくべきなのではないか。そういう風になっている?

高梨 四つの建築をつくったのですが、それぞれコンテクストが違います。どの生態系サービスを使うのかというのは、この例で言うと、敷地の周りに美しい花々があります。

塚本 これで美しい花々というのかね?

高梨 そういう部分はあるのですが、それは全部鳥とか生き物が避けられてしまっているので、ここでは花の蜜を吸うような生き物が住み着いて、まず花を植えて、その蜜を吸ってどこかに行く。逆に、どこかから花の蜜を吸ってきた鳥がここで休んで、糞をすることによって花を咲かす。それがどんどんどんどん連鎖していって、新たな生き物が住み着いていくと良いなということをしています。

林野 はい。ありがとうございました。

駿府の城

KSGP 19121

落合　諒 Akira Ochiai

東京理科大学大学院 理工学研究科 建築学専攻

城がつくるまち

　城と言われて、私たちが思い浮かべる多くの城は、城下町にあり荘厳な佇まいの塔である。それらの城は戦国時代以降に建設された城であり、敵の攻撃に対し地勢を活かして合理的に防御する砦としての役割から中心性や唯一性の象徴としての役割に変化し始めた。現代社会やまちが「城」というものに求めるものは「象徴性」である。砦としての機能は失い「がらんどう」ではあるが、まちや社会の意識を向ける心の支えや、象徴としての価値が存在している。城の復元にあたっては、この象徴性をどのように再構築するかが課題となる。

復元

　復元を行う場合、かつて存在していた姿の再現が求められることがある。しかし、駿府城には正確な図面が残されておらず、実際に存在した期間が短いため、外観情報も文献によって差異がある。つまり、築城時と同様の状態に復元することは困難である。そこで、私たちはそれ自体独自な存在でありながら、祖型を連想させるような復元を行うことを提案する。まず、他の資料を元にした推定による駿府城の復元を行う。復元にあたり資料を駿府城の外観情報が記されている『当代記』、天守奉行と大工頭が同じく資料が残っている『二条城』『名古屋城』を参考にする。『当代記』に「七尺間と四段目まで」とあることから、柱間を七尺とする。名古屋城の構造単位が二十一尺×二十八尺なのでこれにならい、下層から通し柱を入れていく。逓減率が大きく変わる4層目で構造が切れると考えた。

ハリボテ

　城の構造は、もともとハリボテである。天守の象徴である表層の破風は最上階を除き、内部の架構の論理とは無関係に装飾されている。つまり、昔のまちの人々はそのハリボテの外観に対して愛着を持ち、その装飾の荘厳さを誇りにしていたに違いない。つまり、城の表層のみが象徴性を持ち、内部架構は表層とは異なる論理で合理的につくられる

表層と架構の論理

　私たちは、駿府城の当時の姿を復元するのではなく、城の表層と架構の論理を参照しながら、新たにまちの象徴となる建築の構築を目指す。新たに生まれる城の表層は、統一されたデザインではなく、城下町を構成する建築の表象から獲得していく。現在のまちは、もはや単一の象徴に沿ったデザインでは構成されていないからである。それは、完全に正確な装飾の復元が困難な状況で、新たに象徴となる表層を構築する試みである。□駿府城の復元案より、城の逓減率が変化する面が4ヶ所存在するため、城の柱間で構成されたフレームを4層重ねた構成にする。4層のフレームに城の表層と4種類のまちの表象を重ねる。面が配置された4層のフレームにファサードが向く方向を意識しながら装飾を貼り付けていく。□3種類の異なる架構が個別の論理を持ったまま統合されることなく、分化されたまま存在する。

まちがつくる城

　現在、静岡市は「まちは劇場」というプロジェクトを推進している。このプロジェクトは、まち全体が舞台であり、市民誰でもその舞台上で自由に表現ができることを理念に文化的活動が行われている。かつては、城を中心にまちが形成された。新たな駿府の城は、まちとまちの人々によってつくられ、文化を生み出す舞台装置としての象徴となる。

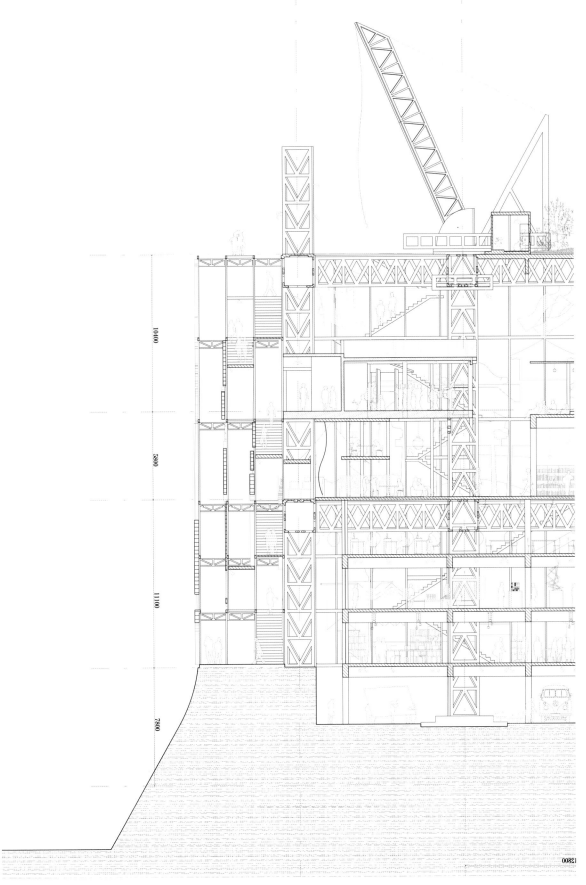

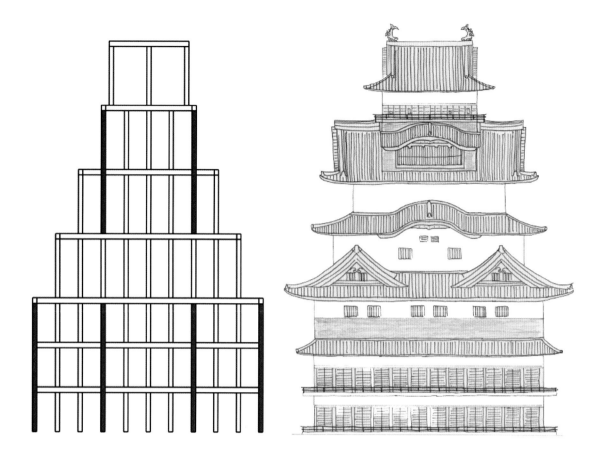

質疑応答

中島　市民がつくるという具体的な方法は何ですか？

落合　まず一つは、城というものは、市民があまり日常的には訪れていないのではないかということです。見ているだけという感覚が多くて、それをプロジェクトの一環として、市民に実際に訪れてもらうことが一つです。こちらのファサードのまちの表層を獲得していく段階で、市民の要望を聞いて、例えば商店街のファサードを飾ってくれと言われたら飾ってみるといったことで、市民の意識をより向ける形にしていこうと思いました。

中島　そういうレベルでは市民の象徴にならないのでは？ 誰かがデザインしたもので、今の人たちが自分たちのものだと思うかな？

塚本　今の時間はあまり批判ではなく質問でお願いします。

中島　なるほど。もう少し徹底的にね。いい言葉だから。

宮下　「まちは劇場」というプログラムと、このデザインというのは何か関連性はありますか？

落合　そこに関係性を持たせてはいません。そもそも城が平城になってから内部空間が特に使われていなくて、がらんどうです。それにも関わらず、外の人に見せたいという思いから、装飾がすごく過剰になっていくという過程をそのまま取り入れて、装飾は過剰ですけど、内部とは全く無関係なプログラムと架構を組んでいます。

平田　僕はこの横の敷地で、資料館のコンペで二次審査に残ったけれど妹島さんたちに負けて悔しかったのですが、それで覚えているのが、駿府城の資料が残っていないからいつまでも天守閣が建たないということ。建たないから何か盛り上がらない、という話があって、これが仮設物だったら蜃気楼のように建ててしまっても良いのでは？ それだったら全部ハリボテでも良いのではないのかな。そういうある種、行き詰まった状況に対するアイロニーでもあるし、もしかしたら爽快な第3案みたいなものかもしれないような。だから、あくまで仮設だから、ハリボテだから、なぜかそこに天守閣があった像が浮かび上がってしまう。本設で建てるなら、これは全部資料通りにできていないといけないけれど、資料が出てこないから永遠に建たない。そういう矛盾に満ちた状況に対して、すごく痛快な第3案を出しているようにも思っていました。しかし今、説明を聞いていると、ここに市民がやって来てと言っても、やって来る必要はあるのかなと逆に思ってしまったのです。ここで集うということよりも、蜃気楼のような姿がぱっと浮かび上がることに意味があると言われたら、逆に納得してしまう気がするのですが、どういうところがこの案に出てきているのだろう？ その辺がちょっとまだ理解できていない。

落合　この案をどうやってつくったかということですか？

平田　どういう動機付けで？ 何でハリボテなのですか？

落合　ハリボテというのは、復元を自分で一回している段階で、本当に関係が無いなと思った時にぱっと思いついた言葉です。言葉として、もしかして良くないのかもしれないのですが、ハリボテと思っ

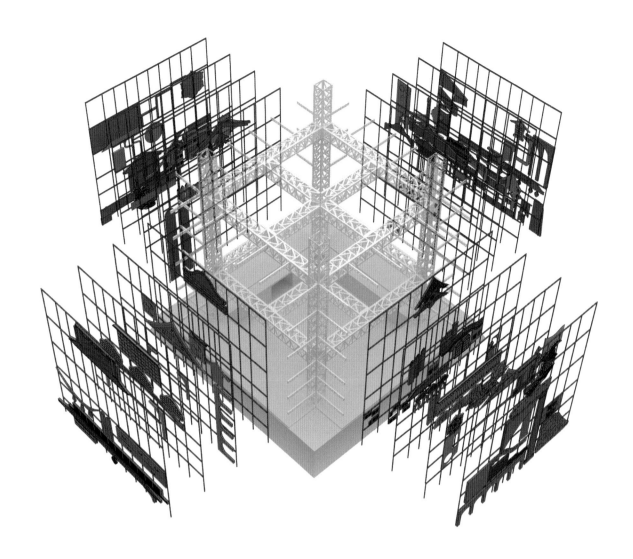

てしまいハリボテという言葉を使いました。この復元をしようと思ったのは、平田先生がおっしゃった通り、駿府城が永遠に復元されることはないのではないか、そうであれば第3案としてこれでも良いのではないかということです。

宮下 静岡は大道芸とか、オープンエアーなところでいろいろなアクティビティを生み出そうとしているよね？そういう中で「まちが舞台」という話が出てきていると思うのだけど。ここはもしかしたら街の中にある舞台装置だと思ってもいいのでは？催しによって姿を変えるけれども、それが何か一つの象徴になっているという意味です。常に蜃気楼のように変わったり、現れたりするものでも、中のプログラムと合わせていくのならあり得るのかなと思います。デザインの中に仮設的な雰囲気をあえて出してきたというのは何か意味があるのですか？

落合 ファサードの表層、仮設的な4層のフレームがすごい細く見えて仮設的だと思うのは、ハリボテという言葉からハリボテ感を出すために、面よりも貼られている看板よりも、架構が強くなられても困るという思いがあって、なるべく細い材でフレームをつくっていきました。

宮下 実際は仮設ではないのかな？

落合 仮設ではないです。

松田 一点だけ質問したいのは、表層と架構の論理が分かれているとお話していたところがありましたよね？なぜ分離していて良いのか？なぜ

ハリボテで良いのか？なぜそう思ったのかが知りたいのですが、どうでしょう？

落合 分離していて良いと思ったのは、これが城と言われて「は？」と思う可能性も結構あって、城で大切なものが何なのかとなった時に、城を形づくる形式と言っていいのかは分からないですけど、表層と架構の違い、これを残していく上で、つくっていくことが新しい復元に必要なのではないか、この案に必要なのではないかと考えました。

松田 でも一般的に城は、そんなに表層と架構が完全に分かれているということはないですよね？全部自分でそう割り切って、分かれても良いと思ってスタートしたんですよね？

落合 はい。そうです。

松田 なぜそう割り切れるのかが知りたい。だけどそこにおそらく答えはないのですね？

林野 おそらく先生方が聞きたいのは、理屈は分かったのだけど、モチベーションの部分ですよね。なぜこうなっているのだろう。常識的にはとても城とは考えられないつくりかなと。その部分の答えを聞きたいのだと思いますので、宿題にしたいと思います。

10位

歩車分離、歩水融合

KSGP 19006

内川 公貴 Masaki Uchikawa

熊本大学大学院 自然科学教養部 土木建築学専攻

本提案は佐賀県佐賀市において、歴史的用水路「クリーク」の再編により、護岸を歩行者専用通路とする事で歩車分離を行うことで、佐賀が抱える深刻な交通事故問題を解決し、尚且つクリークを再び街の表として復活させるというものである。

佐賀は古くから水に困らされてきた街だった。もともと筑後川や嘉瀬川が山から運んでくる土砂が堆積した干潟が原型である佐賀平野は、「降らば洪水、照れば渇水」と言われるほど常に水に悩まされてきた。

しかし、江戸時代のクリークをベースとして行われた城下町整備により、佐賀は「水の都」となり多くの人々がクリークと共生した「クリークの街」となった。

人々はクリークを物流の手段として活用したり、生活用水や農業用水としても活用した。クリークは佐賀での生活にとても密接に繋がっており、クリークは佐賀の街の表として君臨していた。

しかし技術の進歩により、生活用水としての活用などの利水システムとしての役割を失ってしまったクリークは、徐々に使われないものとなってしまい、人々とクリークの距離は遠ざかってしまった。それに拍車をかけるようなモータリゼーションの流れは、クリークを完全に街の裏に追いやった。

しかし、クリークをベースとした都市構造を今でも残した佐賀での自動車道路網の適合は難しく、道幅不足による交通事故の増加が大きな要因の一つとなった交通事故数が社会問題となっている。

そこで街の中で歩車分離を行い、歩行者の安全を守るために、クリーク護岸を再編し、

観光資源としてのクリーク活用はすでに試みられており、徐々に知名度を増している。

歩行者通路を作る。歩行者は自動車と距離を取り、代わりにクリークとの距離を近づける。安全な歩行者通路に人々は集まり、クリーク沿いはとても賑やかな空間へと変化し、クリークは再び街の表に接することができるようになる。

しかし、クリークがただの通過交通のスペースとなるのは真の意味でクリークを「街の表」にしたということにはならないと考えた。そこで、歩行者通路の形態として「川床型」、「ベンチ型」、「張り出しテラス型」、「舟着場型」の4つを考案した。それぞれ人のたまり場の少ない佐賀において、人々を滞留させるためのものであり、クリークを新たな盛り場とする。

この歩行者通路はクリークを「人」の盛り場とするだけでなく、生態系の盛り場としても生まれ変わらせる。もともとクリークが持つ日本屈指の多様な生態系を保全し、更に活性化させるために、壁面は蛇篭を用いて作り、歩行者通路の一部にはポーラスコンクリートを用いる。これらは石やコンクリートの隙間を作ることで、植物や小動物の住処を提供する。

また、周辺の狭小な空き地を歩行者通路への連絡路として計画し、それぞれに周囲で必要とされている機能を複合させる。そうすることで空き地は街に点在する新たな地域拠点として生まれ変わる。

これらの提案により、表となったクリークの、人と生態系が共存した姿が実現し、クリークに背を向けていた生活や建築も顔を向ける。佐賀を代表する新たな景観となっていく。「クリークのまち佐賀」がここに蘇る。

01, クリークのまちとモータリゼーション

弥生時代の頃から時代に合わせて広げられてきたクリーク。江戸時代には治水だけでなく水運・生活用水としての利水システムも確立され、城下町はクリーク網を基盤として整備された。現在でも当時のままの姿を残し、佐賀一帯に行き渡る重要な歴史的土木遺構である。

しかし、技術の進歩により利水システムとしての役割を失い、人々とクリークの距離は遠ざかってしまった。まちは自動車社会となって道路網が昔ながらの都市構造の中に無理矢理当てはめられたが、クリーク主体の都市構造に適応できておらず、道幅不足による交通事故の増加、不定形で狭小な敷地形状のための空き地増加が大きな問題となっている。

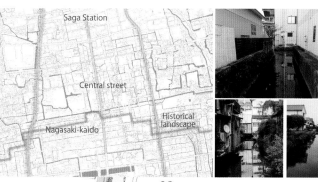

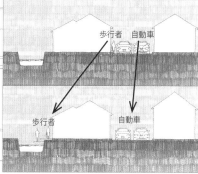

空き地を活用して親水性のあるバス停兼休憩所とする。

護岸を階段状にし、クリークに面して座れるようにすることで街の中にたまり場となる広場を作る。

建物の間にオーニングをかけることで歩行者通路はカフェのテラス席とも川床状のたまり場ともなる。

02, 護岸の再編 ～ 歩車分離 ～

歩行者　自動車

歩行者　自動車

佐賀市内を東西方向に通る道路は江戸時代からの狭い道である。交通事故の多くがこの東西方向の道路で起こっている。そこでクリークが街区の中央通るという佐賀独自の都市構造を踏まえ、クリークを活用した歩車分離を行う。

03, 空き地を活用した接続路とまちの拠点施設

歩行者の往来　　　住民の要望

近所の人と交流できる場所が欲しい

駐輪場が欲しい

ゆったりとバスを待てるバス停が欲しい

まちの拠点施設

クリークに面する空き地を活用し、車道から歩行者通路への接続路を作ることで歩行者通路と車道を繋ぐ役割を持たせる。空き地にはそれぞれの周辺地域に必要な機能を複合させることで、歩行者通路と合わせた積極的な利用を図る。空き地は新たにまちに点在する拠点施設として生まれ変わる。

04, 盛り場としてのクリーク

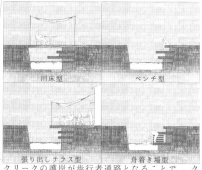

川床型　　　　　ベンチ型

張り出しテラス型　　舟着き場型

クリークの護岸が歩行者通路となることで、クリークは人の集まる場となる。それに合わせて歩行者通路の形状を多様化することで様々な活用を許容し、佐賀に不足している「まちのたまり場」を作り出す。まちの裏に隠れていたクリークは再編によって豊かな歩行空間となり、盛り場として生まれ変わる。

休みの日にはプロジェクターを使った上映会も行える.

多彩な段差の形状で様々な人の関わり方をつくる.

空き地を利用した通路にはそれぞれの場所で必要な機能が入る.

空き地をため池化することで,大雨時の治水機能を向上させる.

質疑応答

塚本　クリークと言っていますが、佐賀では何と呼ばれていますか？ また、歩車分離により安全性が高まるという意味では、一つ問題が解決されるけれども、そのことによって、新たに生まれる問題がある。水路側の家の構えは基本的に人の通りが無いことを前提につくられてきたわけだから。最初のアイデアを強めるように、その問題に対応できていますか？

内川　クリークという呼称は佐賀県でも一般的なものです。「クリークの掃除やるよ」という感じで使われます。

塚本　オランダ語？

内川　多分オランダ語です。アムステルダムと都市構造が似ています。ついこの間も、それに関するイベントがやっていたりしたので、ずっと前から親しみを込めてクリークと呼ばれています。

塚本　元の名前は何？

内川　多分「川」です。用水路とも呼ばないですし、ここで洗濯をしたりと生活に密接に繋がりすぎていて、川としてしか捉えられていないと思います。もう一つの新たに歩行者の通路をつくることにより起こる問題ということなのですが、現在、佐賀市内でクリークを観光資源として活用しようという動きがあり、実際にカヤックを通したりするなどの試みがあります。市民にとっては家の裏、プライベートが見えてしまうという問題があると思って、私もサーベイして回ったのですが、そこに対しては結構許容的でした。「それはもう構わないよ」ということで、裏を通すということはあまり問題にはなっていません。

中島　そういう意味では地区の特性が大事だと思います。例えば、ここは観光客がもともと歩いていて、観光客と車の接触が多いとか、そういうことがあればよく分かるのだけれど。この地区はどういう地区なのですか？

内川　今回、提案の中でピックアップしている地区は、すぐ隣、このクリークの川と並行しているところに旧長崎街道があります。そこは観光地でもあり、昔ながらの住民の方々もいる、いろいろな層の人がいる場所で、道路は通行が多かった。ただ、歩道が無いので結構危なく、事故の原因があったという場所です。

中島　理由はありますか？

内川　そういう背景と歴史性がある建物が多かったり、クリークの設えなども昔ながらのものが多かったりということで、今回、特にピックアップして提案しました。

平田　クリークの周りのその空間はちょこちょこと提案しているのだけど、もしこういうことが本当に起こっても、面白そうだと思います。だけど、起こったら多分、単体の建物の設計は変わりますよね？ 二面接道していて、その道の様相が全然違うわけだから、リノベーションだったとしてもかなり変わるじゃないですか。だから、もっとその建築の方に浸透していく、何か違いみたいなものが合わせて設計したくなるような感じがするのだけど、それはやっているのですか？

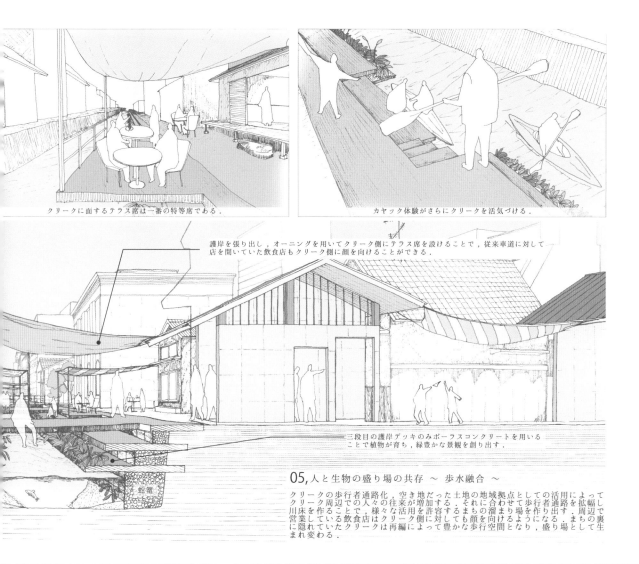

クリークに面するテラス席は一番の特等席である.

カヤック体験がさらにクリークを活気づける.

護岸を張り出し,オーニングを用いてクリーク側にテラス席を設けることで,従来車道に対して店を開いていた飲食店もクリーク側に顔を向けることができる.

三段目の護岸デッキのみポーラスコンクリートを用いることで植物が育ち,緑豊かな景観を創り出す.

蛇篭

05, 人と生物の盛り場の共存 ～ 歩水融合 ～

クリークの歩行者通路化,空き地だった土地の地域拠点としての活用によってクリーク周辺での人々の往来が増加する.それに合わせて歩行者通路を拡幅しクリークを作ることで,様々な活用を許容するまちの溜まり場を作り出す.周辺で営業している飲食店はクリーク側に対しても顔を向けるようになる.まちの裏に隠れていたクリークは再編によって豊かな歩行空間となり,盛り場として生まれ変わる.

[内川] そこが必要なのかというのは,自分の中で考えたところでもあります.それは,先ほど例で挙げた左下のパースなのですが,この川に面するところをゴリゴリにハードでつくり,それがもとの風景を変えてしまうのはどうなのかというのが,思ったところです.

[平田] でも,それはやっぱり変わるよね.変わらざるを得ない.だって,そこに血が巡るのだから.僕はそういうところに思うのですよ,もとのものを変えるというのが絶対だめかというと,そういうわけではないではないですか.だから,そのクリークという財産を使ってより良い状態をつくるのだったら,別に変えても良いと思います.だから,この家のこの軒先みたいな部分が,もっと変わった絵を見たいと思うのですよ.

[塚本] 問題を発見しないと.

[樋渡] おそらく地元すぎて,あまり力強くできないというのももしかしたらあるのかなというのが今伺っていて思いました.もっと範囲を広げて,田舎の方というか,すぐ近くに畑のところもないですか? いろいろなケーススタディをやったら多様性が見られて面白いのかもしれない.あるいは,歴史的にどう使われていたのかという図をもう少し出してみるとか.近くに柳川がありますよね? あそこは有名じゃないですか? ああいうところだったら多分分かると思います.それこそ,何気ない風景の価値をどう位置付けられるのかというところだと思うので,スタディがもう少し足りないかな.でも,やったら絶対面白くなる場所だとは思いました.

[宮下] 変わるかどうかという議論に関しては,川沿いが変わることで住人

の意識がどう変わるかということのような気がします.例えば小布施も,自分の庭をオープンガーデンにする住人がたくさんいて,住んでいる人たちは楽しんでいるのですよね.自分のところを一生懸命綺麗にして,なるべくいろんな人に入ってきてほしいという意識の表れだと思います.さっきあなたが,ここの住民たちは外の人に対してウェルカムだと言っていましたよね.だとしたら,その人たちを楽しませながらも,プライベートをどう楽しむのかというところをしっかりと設計してあげないといけない.ただ,全部窓にしろとかという意味ではなくて,そこに人が通ると,建築としても行為としてもやはり何らかの影響を受けていくはずです.そこにまた住民の新しい生活が滲み出すように持っていく方が,魅力的になる可能性があると思いますよ.今のままの形式を見せることだけが全てではないような気はするんだよね.

[松田] 佐賀出身なのですよね? 佐賀平野のクリークについて今少しだけ調べたら,やはりここにしかない大変貴重で魅力的なもののようです.だからこそ,もう少しそこをしっかりプレゼンテーションしたら,イメージがガラッと変わるのかなと思いました.もとからあるものの良さを飛ばしたようなプレゼンだったと思いました.ちなみにクリークの名称ですけど,「農業用用排水路」というちょっとドライな名前しかないようです.意味はそういうことなのかなと思いますが.もう少しリサーチとともにプレゼンし,「この場所の魅力はよく知っているけど,でもそれをさらにこういう風に使っている」と説明できれば,より説得力が増すと思います.

ファイナルプレゼンテーション
ディスカッション

［ 日 時 ］
11月24日（日）
13:15
～
18:15

SNOU推薦枠の1名を含む、二次審査を通過した11名のプレゼンテーションを経て、
6名の審査員による投票が行われた。この投票結果をもとに最後のディスカッションで議論を深めていき、
10位から各順位を決定。そしてついに、歴コン2019のグランプリ作品が決定された。

10位～8位

敷地を問い直すべき「第五世代」
「鳥」と歴史的空間の関連付けは？

林野 これより10位からグランプリまで、順位を決定していきたいと思います。まずは5位から10位までの6作品を決めていきます。今、大きく点が二つに分かれていまして、「クリーク」、「第五世代」、「駿府」、「鳥」が10点から13点の間に固まっています。そして、「万博」、「川越」、「石蔵」が10点台の半ば、上位の作品が「雪室」、「傷あと」、「畳」、「広州」で25点、26点で並んでいる状況です。

では、下位から決めていきたいと思います。今年は1作品多かったため10位が二つということになります。「クリーク」の内川さん、前に出てきてください。先ほど批判的な意見

や、「もう少しこうしたら良かった」という意見、敷地の選定や調査に関する意見もありましたけれど、「そんなことはないですよ」という反論や、審査員が見落としているようなことなど、追加で何かありますでしょうか？

内川 敷地のサーベイに関しては、自分でも他の方々と比べて、蓄積の甘さというのは思っているところなので、そこに関してはあまり言えることはありません。それでも自分はずっとこのクリークの近くに住んできて、クリークで魚を捕るなど野生児的な遊びをして育ってきました。外側からの視点が足りなかったというところはあるのですが、逆に言えば、「そこに住んでいる人」というコアな視点から観光業や、外から人がどう来るのかという話を見ていった結果がこの提案だと思っています。それが形としてどう表れたかというのはあまり強くは出ていないのですが、護岸の通路を段差状にしてみたことや、子どもの遊びやすさや川への下りやすさ、そこでの溜まりやすさというのは、結局、自分がやってみた実体験から出てきたところです。サーベイなどで一つ、外の目線から見るということが足りなかったと思うのですが、そこに住んでいないと分からないという点も踏まえていただければと思います。

林野 今の話を受けて、先生方、何かありますでしょうか？

塚本 クリークを辿っていくと、海や農地に

▶ 投票結果

出展ID	出展者	作品名	略称	得票数
KSGP19006	内川公貴（熊本大学大学院）	歩車分離、歩水融合	クリーク	10
KSGP19121	落合 諒（東京理科大学大学院）	駿府の城	駿府	12
KSGP19093	塚越喬之（金沢工業大学大学院）	町家第五世代	第五世代	13
KSGP19138	高梨 淳（東京理科大学大学院）	鳥のいる日常	鳥	13
KSGP19049	池田昇太郎（北海道大学大学院）	相反する地表	万博	16
KSGP19074	小島厚樹（新潟大学大学院）	石蔵の停留所	石蔵	16
KSGP19107	外山純輝（日本大学大学院）	拝啓○○様.	川越	19
KSGP19106	三島みらの（金沢工業大学大学院）	傷のあとの建築	傷あと	24
KSGP19059	横畑佑樹（日本大学）	なごり雪に涼む	雪室	25
KSGP19202	朱 純曄（工学院大学大学院）	水上ノ民、水辺ニ還リ、	広州	25
KSGP19114	原 良輔（九州大学大学院）	食寝再融合	畳	26

繋がるのですか？ 水はそこだけでは成立していなくて、上流と下流で何かに繋がっていますよね。

内川 はい。クリークは水源が二つありまして、一つは基本的な山から高低差を使った流れで、多布施川という川があってそこから市街地に入っていきます。また、有明海

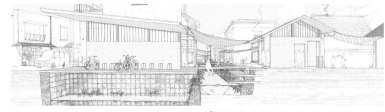

の干満差を利用した逆流へのアオ取水（淡水取水）という淡水の部分だけを取るという昔ながらの水路の技術があって、そこからの逆流によって、有明海は干満差が6m程あるので逆からも押します。その流れを使って海から内地へそのまま水運で物資を運ぶなどします。佐賀は内地にありながらも、水運でいろいろな物資が入ってきて栄えていたという背景がありまして、そういう流れで両方水源です。

塚本 ここはどっちなの？

内川 ここはちょうど内地の部分です。城下町の真ん中のようなところで、長崎街道に面しているので、佐賀の中でも大きな幹線のクリークとして、先ほど言った海からの流れをそのまま受け継いでくるところです。

塚本 そういう話と提案が結び付くと広がりが出るよね。

中島 その辺りはすごく良いと思ったけど、車社会を大前提とした上で、車社会を解決するというような話がとても気になった。「結局は車優先じゃないか」みたいな、要するに歩行者が一緒に追いやられていくストーリーになっているから。それこそ、元々車とかとは関係なく、後ろの歴史をどのように人々の生活に活かすのかという話の方が良かったのかなと思う。やはり車社会が今後どうなるかといった、そういうビジョンが欲しい。何となく車社会を前提としていてやっていて、そこら辺が気になるなあ。

内川 車社会を前提としていたというところはあるのですが、車社会が佐賀にマッチしていないと思っていて、車の道路よりもクリークの方が魅力的という考えのもとでやっています。必ずしも歩行者の人を押しやるという考えではないという点だけ説明させてください。

林野 はい、ありがとうございました。それでは次は「第五世代」の塚越さんです。「これは本当に町家なのですか」という質問もありましたが、いかがでしょう。

塚越 はい。僕らが提案した建物で、町家の要素をどう踏襲して翻訳したのかを、先ほどの事例でなく、うきという一番左の白いものを使ってやりたいと思います。二面接道になっていて、川とショップの軒が連ねる大きい通りに面している場所なのですが、それが敷地の変換によって繋がってしまったという敷地です。それを二つ繋ぐように、まちを動かすという操作によって、下を通り抜けられるある場所、町家の前面にあった店が1階部分に広がったと僕らは解釈しています。右側に階段があるのですが、そこの通り土間が立体的に展開したという、ある種の翻訳を行って建築設計

していったつもりです。

塚本 都市部の土地は「敷地」と呼ばれますが、それは建物を建てる準備が整った場所です。でも農村に行くと、必ずしも敷地はなくて、土地は田畑など生産のためにあって、人が住むところはそれを邪魔しないところにある。敷地と町家という組み合わせ方に、敷地に対する疑問が入ってくると面白いんですけど。その敷地という、建設産業、不動産業がつくり上げた土地の一様態を前提に、町家型の敷地とは違うので、町家の方を変形しますという構えですね。敷地というものを問い直さなければならないのに、そこに乗っかってしまっているところがもったいないです。町家とその底地の関係は、20世紀の住宅地開発で出来た敷地と戸建住宅の関係とは違うと思うのです。そこに踏み込んでもらいたい。

林野 はい、ありがとうございます。では、次に「駿府」の落合さん。「これは一体何なんだ、このモチベーションは何なんだ」という話だったと思います。

塚本 これは面白いけど、大きな矛盾も抱えています。仮設だからいけるんじゃないかということでしたが、歴史を紐解くと、その系譜には木下藤吉郎の一夜城、大垣の墨俣城があります。一夜開けたら「あ！ 城ができた！」、そして寝て朝起きてみたら「無い！」みたいな。そういう仕掛けなら説得力がある。でもそれは、市民が城をつくるというシナリオと必ずしもフィットしない。仮設であることと、市民がつくることとの噛み合わせは、うまくいくのかな？

落合 仮設というつもりでは最初からつくっていませんでした。

塚本 でもハリボテと言っているわけだから、そのように認識しているよね？

落合 ハリボテという言葉は、表面と内部との差異みたいなことを表したいなと思っています。ハリボテという意味は本来、もっと違うことをイメージしてしまうのが良くないのかもしれませんけど。

平田 でも、これは本当に本設だと建たないよね、原理的に。だって、それだったら分かっている資料で建てるはずだけど、それが建たないからこのプロジェクトが面白いんだから。あくまで仮設と言い切った方が論理的には正しいという気がする。それで仮設だから、建ってしまうということの驚きがものすごく正しいものに近いのかもしれないけれど、まだきちんと確かめられていないあの正しそうな天守閣の立

面は建たずに、よく分からないものがふわっと建ってしまう。その逆説がとても面白いと思うんですよね、と言ってくれたら、僕はもう5点はあげていたかもしれない。

塚本 城というのは「どうだ」と、相手を怖気づかせるためのものでしたが、大砲という火薬兵器の登場で、標的になりやすい最悪の戦略拠点になり、一気に時代遅れになった。では情報技術の登場は、城をどう変えるのか？と考えてみたくなります。そういう風に考えていたのでは？

落合 でも仮設としても、もう一つの復元案ができない限りずっと残り続けていくではないですか。それがすでに本設なのではないかと思います。本設というか、そのまま仮設、学術的な方が正しいと認められるまで延々とそちらは残り続けるのではないかと。

平田 例えば、都内で車輪の付いたフォリーみたいなものが工作物として建っているんですよ。あれは車輪が付いているから移動可能ということになって確認申請がいらないとか、車輪が付いているけど車輪が使われることはほぼないとかね。そういう方便のような建物というか、構築物というものはあります。これは方便の仮設であると言えばそれでいいのかもしれないけれど、本設と言った瞬間にそういった流動性が無くなってしまって、あまり理屈が通っていないなと。だから書き割りで本設じゃなくて、あくまで仮設だから書き割りで良いという話が、筋が通っているように思ったんだけどね。

林野 はい、この辺りで切りたいと思います。それでは、次は「鳥」の高梨さん。これは歴史的空間を何と捉えるかという話や、建物である必要があったのかというような話もあったと思いますがいかがでしょうか？

高梨 「歴史的」なので、鳥と人間が空間を共有してきたという歴史に対して、実際に敷地を当てはめた時に明治神宮という歴史と、都市部の歴史があるのですが、歴史が無く建っている都市部の中でどうにかできないかということと、建築である必要性については、生物認知を高めるためにはやはり、少しシンボリックな建築というものが必要になると思って建築をつくりました。

宮下 人と鳥の歴史みたいな話になると、家族が一緒に住むこと自体も、「歴史なのでは？」という話まで広がってしまうような気がします。例えば、東京の緑の配置の変遷であるとか、歴史的な建造物、例えば明治神宮や皇居、新宿御苑とか、いろいろな歴史的背景の中で作られた緑の配置をプロットし綿密に分析をしていくと歴史的空間として考えられるんじゃないかな？先程説明してくれた表があったけれど、それを歴史的空間と呼んで、時代の変遷の中で、それがどういう風にまちに対して影響を与え合っているかという話を上手くストーリーにすると、歴史的空間と鳥というものがもう少し上手く関連付けられるかもしれない。だから、それ以降の都市計画の中でグリーンベルトが出てくるとか、最近では団地の緑がビオトープネットワークとして見られ始め

たりしているといったその後の変化にも繋がっていくんじゃないかな。そういう観点から物語を構成すれば単に鳥と人間の関係という大きい話ではなくなるのではないかなという感じはするんだけどね。

中島 私はテーマがすごく良いと思っています。こういうものを本当にやりたいと思っていたんですけど、あの2本のタワーを建てるだけというのが説得力が無いのではないかなと思っています。あれにプラスして、既存の建物の屋上を上手く使って、そこにも何かつくっているとかいろいろなことをやって、面的にもう少し鳥がいる場所が増えないと、鳥と都市の人との接点が非常に少ないというように感じる。建築を建てるというのはあってもいいと思うけど、それ以外にもリノベーションをするとか、緑地や公園をどう変えていけばもっと鳥が来るのかとか、いろいろなことを実際はできるから。総合的にそういうものがあると、これはすごく面白いプランになるのではないかと思った。

平田 ニューヨークにハヤブサが住んでいたり、カラスがトランスの下に巣をつくったり。要するに彼らが元々原型として持っていた自然環境に近いものを人間がつくっている場合、鳥がそれに住み着くということは起こるわけです。そうすると、鳥のそれぞれの種類から見た時の自然のスキームみたいなものと、まちの中でそれと近いものというのを上手く探してきて、それが鳥たちにとっての環境の多様性であるというような読み替えがもっと細かく行われていたら知的パズルとしては面白いんだけどね。割と画一的なものに見えてしまったのが、僕としては残念だったかなという気はしました。

林野 はい、ありがとうございました。では、8位から10位までの作品の二度目の質疑応答が終わりましたので、これを持ちまして点の変更や印象が変わったという先生方いらっしゃいますでしょうか？もしいらっしゃったら、今の4作品内でのみ点の移動を許可したいと思いますがいかがでしょう？現状ですと、同率ではないのですが、今回は10位までしか決めないということですので、同率10位が「クリーク」と「駿府」、同率8位が「鳥」と「第五世代」ということになります。

松田 「クリーク」は、プレゼンですごくしっかりとしたスケッチを描いていて、そういう観察力と表現の仕方はとても良かったと思いました。

林野 では先生方、異論はございませんでしょうか？　無いようですので、ここで順位を決定したいと思います。「クリーク」は10位決定です。それから「駿府」も10位決定です。そして同率になりますが、「第五世代」8位決定です。もう一つの8位は「鳥」になります。おめでとうございます。

7位〜5位

緩やかなルールで建築をつくる「川越」事物のふるまいとどう向き合うか

林野 では続きまして、5、6、7位が16点、19点で拮抗しているという状況です。ここに入ってきているのが「万博」、「石蔵」、「川越」です。まずはこの三つの中から、「さらに上位層に自分はこれを推したい」、「グランプリに持っていきたい」という作品はありますでしょうか？　樋渡先生は「川越」に5点を入れていらっしゃいますね。

樋渡 それは、アウトプットというよりもフィールドサーベイのところです。私はフィールドサーベイも中心に研究しているので、あのサーベイはなかなか骨が無いとできないぞというところでの評価です。やはり歴史的なものをどう読み取るかというのは、サーベイをどれくらいやっているかという、そこがものすごく必要なのでその努力の点数です。だからアウトプットとなると、ちょっと弱いかなというのは実際承知しているというか、感想ではあります。その努力に対して私が票を入れないと、ここでの評価がちょっと寂しいものになるかなと思って、これからも頑張ってねというエールです。

林野 承知しました。ではこの3作品で7、6、5位を決めていきたいと思います。先ほどと同じように、少し積み残しの質問を聞いていきたいと思います。まず、「万博」の池田さんお願いします。これはレイヤーの配置図ですか？

（池田） はい。

林野 設計との関係について、先生方から質問が出ていたと思います。それからプレゼンのトップバッターだったということで、いろいろなプレッシャーや機械の不具合などもありましたので、ご自分で付け加えたいことなどありましたらどうぞ。

（池田） レイヤーの重ね合わせに関してもう少し説明をすると、「地中の土が」という話ではなくて、地形そのものが厳然としてその時代に合ったというものを再現した時に、高さ関係が重なり合う部分が出てくる。そこに各時代のコンテクストというのが、半透明状に重なり合うような場所をつくれるということで、あの分布図をつくったので、そこの補足説明がそういうことになります。

平田 あの分布図までは分かったけど、分布図から最後につくったものの間が無いのでは？

（池田） あれに関しては、設計敷地を先ほどご説明したように決めて、そこから機能に合わせてつくっていくのですが、そこのガイドラインとして使っています。例えば、地層を出すために地中を掘るにしても、どうやって掘るのか、どういう地面をつくるのか、といった時に、例えば丘陵中のうねうねしたものが下に来ていて、その上に現状の地形があるとすれば、そこの間を空間として使えるのではないかというガイドラインとして僕は使用しています。

平田 でもやはり、あそこまで三つのレイヤーを重ねた図を描いているのだったら、その次に敷地を選定する時に、あそこが例えば図の中で最も特異点をたくさん含んでいるスクエアになっているとか、何らかの手続きが必要です。それがいきなりポンッと選ばれて、自分の中ではいろいろ深く検討したんだということをいきなり力説するモードに入っている。それまではドライな重ね合わせの手法なのに、急に言っていることの質がピューッと変わる感じが、おいてきぼりを食らったような感じがどうしてもあります。そこはやはり透明な手法でいくなら、全部透明にいった方が良いのではないかなと思います。それから、土手になってすり鉢になっているところの、すり鉢の縁沿いに掘っているんだよね？メインの空間は。そうすると似たような地層がずっと真っ直ぐ出て

来るのではないかなという気がするんですよね。それも、それが一番良いのかどうかよく分からなくて。もうちょっと長く掘るのであれば、掘っている軌跡沿いに、地層が移り変わるところを選ぶほうが断面で見てて面白いのではないかとか。あるいは、右側と左側で違うところを跨いでいるから、右と左で違う地層が切れてくるというようなところも面白いかもしれないとか、そういう説明だったら何となく分かるじゃないですか？

（池田） はい。

平田 そういうのが無いから、やはりどこかで切り離してしまっているという感じは、今後設計していく時に、どこかでそれを繋いでおいたほうが良い。自分の発見のツールとして使った方が良くて、その発見のツールが説明のツールにもなるという、建築はそういうところがあると思います。だから話をしていてこっちが分からないというのは、どこかその発見がもうちょっとできるはずのところが、不十分な感じで終わっている可能性が無いかというのは、少し考えた方

が良いかなと思うのですが。

塚本 いくつかのファクトをもとに、ファクトとは違う原理を組みこんで、意味を発生させ、物語をつくるのもデザインです。だから、積層されてきたものに、切れ目を入れて断面を見せるのは、ファクトに違う角度からアクセスするという意味で、方法としてはわかる。でもそれならば、いろいろな空間をつくるのではなく、マイケル・ハイザーのランドアートのように、一本シュッと切り込むほうが鮮やかかもしれない。また瓦礫を積み上げたところを掘って、そのまま露出していて崩れてこないはずがない。それを実現するための方法という、もう一つのファクトを重ねないといけない。元々の地形があり、万博があり、瓦礫で丘ができた、というファクトの上にもう一個あなたのファクトを加えて、こういう断面を見せられるとなったら、急に物語として弾けるのですが、あなたの提案は先に物語があって、詰めなければいけないファクトが誤魔化された印象があるわけです。そこは見ている側としては気持ちが悪いというか、居心地が悪いです。平田さんが言っているのと同じことを、違う角度から言ったのですが、どうですか？

池田 おっしゃる通りだと思います。それは本当に自分でも思っていたところではあります。最初の敷地選定にしても、消極的な理由で一部に定めないといけないというのが自分の中にありました。強制的に決めていったというところもあり、空間のストーリーに関しても詰められていない部分があるということは自分でも分かっていたので、おっしゃる通りだと思っています。

林野 はい、分かりました。ありがとうございました。次、「石蔵」の小島さん、お願いします。構法に関する質問や、軟石に関してどうなのかという話があったかと思います。

小島 展開した木骨の空間というところが、やはり違和感みたいなものがあると思うのですが、僕が考えたところは、時間経過の遅い軟石の石蔵に対比して、木の部分を外に持ってくることで何か可変的で、時間経過ももっと影響が早いと思うのです。石蔵の方はあまり影響を受けずに何百年といくのですが、その中で中間領域としてつくり出した木骨の空間が木で晒されていて、そういうところは変化が楽しめるかなと思って、あえて木のところを選定しています。それから、軟石について先ほどは足湯などの例を挙げたのですが、他にやったところとしては、梁を掛けて、そこから取り出した軟石を積んで石の階段をつくろうというのが二番目のBのところです。大きい模型の方では示していないのですが、軟石で積んだ階段とその反対側には石垣が残っていて、石垣と石の階段を対比させた空間をそこにつくるというチャレンジをしました。

林野 先生方、これに対して何かご質問やご意見はありますか？よろしいですか。では、最後に「川越」の外山さん、お願いします。118の規範から一体本当に建築がつくれる

のか、というようなご質問があったかと思います。

外山 まず、規範を違う言い方に変えると作法かなと思っています。汎用性に関しては無くて、実際今年から僕の規範が川越のまちづくり規範として採用されて、改訂しています。この川越のためだけの規範はパターンランゲージと違って、その範囲を狭めることで抽象度を上げています。建築をつくれるかという話で言えば、もちろんそれを参考につくることは可能だと思いますが、あくまでこの中庭をつくっているランドスケープをつくっていて、建築をつくるというよりも川越らしい風景や、観光地において住民が過ごしやすい環境を形成するというイメージでした。アウトプットがささやかというのはまさにおっしゃる通りです。元々は屋根並みが綺麗な川越の街区の内側にコンクリートで、いわゆる卒業設計っぽいというか、迷宮みたいな祈りの輪みたいなものをつくっていたのですが、スタディ模型を何回も持っていくうちに、おばあちゃんに「１年間何を見てきたの？」と悪気なく笑われてしまいました。そこからどんどんささやかなものが落ち着いていって、見た目の派手さはなくても、本当にここに住む人たちにとって過ごしやすい、みんなの中庭ができれば良いなと思ってこういう風になりました。

林野 先生方よろしいでしょうか？はい、塚本先生。

塚本 パターンランゲージの面白さは、暮らしを記述しようと、経験のまとまりを求めていくと、実は建築やまちのエレメントが、その核になっていることを言い当てているところです。明るい光が溜まる窓辺やベンチとか、建築のエレメントと一緒じゃないと、取り出せない経験というものがあり、それは機能とは違うもっと複雑なものなのです。建築の要素をアドレスに、経験を拾い出すやり方は、映画監督も使っています。ドアに結び付いた経験を使って、映画のあるシーンを組み立てるとか。エレメントとそれを取り巻くもののエコロジーが非常に大事なのです。パターンランゲージの場合は使っても使わなくても良いのですが、あなたの提案するのは118の規範ですから、ルールというか「こうしましょう」的に聞こえます。真鶴に「美の規範」というのがあるけど、川越も「〜規範」って言うのですか？

外山 元々自分が始めた時は作法というイメージだったんですけど、川越が「まちづくり規範」というものだったので、

それに対応させたいなと思いました。住民にコミットした住民目線の規範を僕がつくりたいなと思って。

塚本 なるほど。規範というのは住んでいる人たちが緩やかにつくるなら良いけど、外側から押し付けられると嫌なものでもあって、そこは言葉の使い方なのかもしれないけどね。

平田 僕はすごく興味深いと思って見ていますけどね。僕が思い出したのは、太田市でワークショップとかをした時に何が面白かったかというと、はっきりと全体を規定するわけでもないし、ある在り方を完全に決めてしまうのでもないつぶやきのようなものが無数に1000個くらい集まるわけですよ。それをある程度分類もしたりとかして見ているうちに、「何となくこういう風につくっていけば良いんだな」というようなことが分かってきたり。あの時はコンペで案があったからそれがどんどん半分溶かされていったり、不純になっていくのだけれども、案としてぎりぎり成立しているというところのラインに狙いを定めながら変えていくということをした経験があります。だから、完全に何かを規定しているのではないけど、小さいいろいろなつぶやきみたいなものによって建物ができていくということがあるかなと思ったんです。太田の場合は淡々と建物が立ち上がる。こっちの場合はもとのスキームに相当するものは何だったのか。つまり、非限定的な一つひとつの規範なのか分からないけど、言葉だから、それだけだとできていかないような気がするんですよね。ここの場所にあるものが元々あって、レンガの壁とか手掛かりがあったからそれで一応できるんですか？ だけど、そこに何かもう一歩、コンクリートの卒業設計みたいなものをつくったら良いというわけではもちろんないかもしれないんだけど。その間にあるような気がしてならないんですけどね、それが難しいけど。

塚本 太田のコンペ勝利案と、川越の街区を店が囲んでいて、真ん中が空いている側に人が住む構成があったことは、ある意味相同なんじゃないの？

平田 すでにそこに建築があったということだよね。そういう風に捉えたら良いのかということですよね。まだちょっと理屈としては半分落ちてないんだけど。

塚本 1000のつぶやきで太田のコンペ勝利案ができているわけではないじゃない。

宮下 うん、だからそこに何があるかということですよね。

塚本 じゃあ、同じじゃないの。

平田 それが半分発酵してしまうというか、朽ち果てるというか、そういうことで変性してしまうわけですよね。これも多分街区が変性してしまうと思うんですけどね。その意味では同じかもしれない。でも、すでにあった街区をそれによって変性させるというのはそこに何か新しいものがなくても、君はつくり手としてある種透明な存在となって、そういう規範を浮かび上がらせるという媒介としてふるまうということがここでの答えなのかと言われると、非常に正しい気もする

［拝啓○○様］外山純輝（日本大学大学院）

し、何となく物足りないような気もするしというモヤっとした感じだけ残っています。

松田 外山さんのやろうとしていることを、例えば「美の基準」とか「規範」ではない別の言葉で表そうとすると、先ほどの平田先生が「緩やかなルール」とおっしゃっていたところから、もしかしたらと思ったのですが、「憲法」的なものをつくろうとしているのかなという感じがしました。細かく具体的に決めるのではなくて、「こういう感じ」というものをすごく抽象的なレベルで118個つくって、それがいきなり具体的なところに転換するルールはよく分からないけど、やろうとしていることはそういう緩いルールの設定なのかなという感じがしました。そうでなければ、自分が設計したものを言語化していったものが先ほどの「規範」になるということだと思う。後者は実はいままでの話とは逆転しているということですけどね。どちらかというと前者の方が近いですかね。設計したものに対して後付けでルールをつくったのか、そうではないのか、どうでしょう？

外山 違います。

松田 後付ルールとは違うのですね。ではやはり前者の憲法的な、緩いルールということかな。

塚本 これは一人称研究で得たものと社会との接点をどうやってつくるかというプロジェクトなんですよ。一人称研究だよね？

外山 はい、一人称研究です。

塚本 最近計画の方で出てきている方法論なんですけど、そうだよね？

外山 そうです、まさに一人称研究です。

塚本 最近計画の方で出てきている方法論です。篠崎先生？

外山 そうです。僕の場合は声が直接形態に結び付くと思っていなくて、声というのはイメージ喚起、その抽象的なレベルで留めておいて、あくまでもデザインはデザインとしてする。デザインをする際に手掛かりになるということに留めて置きたくて、こういうことをしたのですが、太田市の場合はその声を拾ってどう建築に落とし込まれたのでしょうか？

平田 短く言いたいのですが、要するに太田の場合はコン

ペの時に案がありました。例えば、屋上庭園がある案だったのだけど、風が吹くから角がいっぱいあると良くないとか、緑は道路レベルから見えて欲しいとか、簡単に登れるようにして欲しいとかいうので削ったんです。削って立体的な屋上にして角が無いようにして、下からも見えるし斜面にちょっと寝転がれるようにするというようなことにしたり。だから、割と綺麗な成型の四角い箱がどんどん崩れていくようなことになったのですが、構法的に何とか成立するようなやり方を見つけながら、できるだけ原型を言っていることに合わせて崩していく。例えば、ここからこっちが見えたりということがあるところにすごく集中した場合は、そこが穴ぼこだらけになって箱と言っていたのがラーメンのフレームだけになってしまったりとか。そういうことをいろいろやっているうちに、最初に思っていたものよりかなりごちゃっとした感じにはなったんだけど、それはそれで良いのではないかという価値観で設計をしたということなのです。だから、今聞いているとそうではなくて、ある自由度をつくるようなフィールドを醸すための118の言葉ということだよね。だけど、その中でプレイしている以上はある範囲のなかのプレイになると、今度はそのプレイが面白いかどうかとか建築として素晴らしいかどうかは、その規範とは関係なく素晴らしいものもできるかもしれないし、もしかしたら、そこまで素晴らしくないものもできるかもしれない。だけど、そこまで素晴らしくないかもしれないが、悪くはない、結構良い、まあまあ良いくらいのものはできるというのをかなり保証する、緩やかなルールなのかなという風には思ったんですけどね。

塚本 パターンランゲージですよね？

平田 パターンランゲージはモノの在りように密着したパターンになっているんですよね。これはモノの在りようではなくて雰囲気だったり、コトの在りように紐付けられています。だからモノを規定していないから、完全にデザインのところがフリーになっているんだよね。それはそれで面白いような気もしたんだけど、何だかよく整理がつかなくて、今自分の中でもモヤっとしているんだけど、非常に興味深くはあると

は思います。

塚本 学会の発表会みたいになってきちゃったけど、設計の問題にしていくのであれば、物質性を介在させた方が良いと思います。評価の問題であれば、物質性の話は無くても良いかもしれませんが。囲われているので居心地が良いというだけでは、物質性を捉えられないじゃない。でもレンガや庇と言った時には物質性がある。その庇には建築としての物質性だけじゃなくて、雨を捉えて下に落とすという雨の物質性も入ってくる。レンガの壁も、日陰にあるのか日向にあるのかで、太陽の熱への観察も含まれてくる。そういう物質性を軸にあなたが言っている規範を組み直すと、人が人を縛る規範ではなく、事物のふるまいとどう向き合うかになるはずです。

林野 ありがとうございました。御三方のご返答を聞いて先生方はどうですか？ 今の点数でいくと、5位が19点で「川越」、同率6位が16点の「万博」「石蔵」ということになっています。よろしいでしょうか？そうしましたら5位「川越」に決定です。同率6位で「万博」「石蔵」。おめでとうございます。

4位〜1位

当事者性を引き寄せた「広州」 「雪室」から伝わる地方への問題意識

林野 では、いよいよ1位から4位を決めていきたいと思います。非常に接戦になっていまして、24点から26点という僅差で4作品がひしめいています。先生方の5点票に注目したいと思うのですが、唯一「傷あと」だけが平田先生が5点票を一つ入れておられるだけで、他の3作品は複数の5点票を獲得しているという状況です。点差も1点なのですが、内容を見ると4位が「傷あと」、残りの3作品でグランプリを競うということでいかがですか？

平田 「傷あと」を擁護するとしたら僕ということになりますか？

林野 はい。

平田 「傷あと」はなかなかいいですよ。プレゼンテーションが一個一個の計画を説明していないから、これをきちんとしていたらあと3点くらいは絶対集まっていると思うけどな。

林野 承知しました。では、平田先生はそういうご意見なので4作品まとめて話を付けようと思います。「雪室」の横畑さん、特に積み残した質問は無かったのですが、1年間春夏秋冬ある中で、解体とか屋根をやり変えるとか運営の問題とか、その辺りに質問が集中していた印象があります。

横畑 最後に平田先生からいただいた、あまりにもこれの運営は大変ではないかということに関して、一つお答えしておきたいのですが、まず、非常に単純な構造でこの建築が成り立っているというところと、それゆえに一般人であったり、地元の工務店レベルで十分に解体・施工が可能であること、それから、スケール的にも地場の材だけで、周辺

の空き家廃材を流用することでも建築が可能ということを申し上げておきたいと思います。そして、この施設はお金を掛けてでも利用したいという方がいるという前提のもと、実際にそういうサーベイをして設計を始めていまして、利用者も個人レベルではなくて企業が扱うということになっていますので、公の持ち物である雪捨て場という空き地を利用してお金の代わりに人手を使う、人手を出してもらうという、そういった形の地域循環を一つ提案できるのではないかということを考えて設計をしました。先ほどは、酒造メーカーなどの外的な動機付けについてしかお話できなかったので、私自身の動機についてお話したいと思います。この秋田県横手市を含めて、秋田県は非常に消滅可能性都市が多い場所となっています。先ほどのディスカッションの中で、コンテクストの切断というような話があったと思うのですが、それと関連付けて述べるのであれば、この場所は放っておくとコンテクストの切断どころか消滅してしまう、断絶が起きてしまうという場所を敷地としていまして、そういう場所に至る前に曲り角となるような提案を僕は是非したいと考えていました。この土地にある歴史を紐解いて、新しい歴史をつくるような転換点になれば良いのではないかということを考えました。今後、縮退社会など、どういった方向に私たちが向かうべきかと考えたときに、産業革命以降ずっと、地方の在り様も変わってきて、地方の農村部が車社会に落ち着いたというのは一つの到達点だと僕は考えています。車社会の今後に関して言うと、農村地帯では車はきっと無くならないのではないか。車社会の都市というものがあるがゆえに絶対に除雪をする必要がある場所ができて、それゆえに雪捨て場という場所が都市の中にあり続けてきたという歴史が僕はあると思っています。こういった提案をするにあたって、縮退社会に向かう地方都市を元気に生き残らせるためにということを考えて、資源的にも人的にも持続可能性が高い提案をできればということをテーマとして、僕の動機として設計を行いました。

（宮下）なぜ組み立てなければいけないのかとか、壊さなければいけないのかという点や、経済的な効果もある意味では約束されているという点はそれで良いと思います。ただ、作業を行う人手ということの意味を、もっと明確に考えられたらよかったと思う。例えば、集落では茅葺の葺き替えを

みんなでやることで、それが一つの集落の中での濃密なコミュニティーやお互いの補完関係を生み出しているよね。その意味では形も大事だけど作業のプロセス自体にも大きな意味がある。それを考えると、この提案でも毎年取り壊してまた建てる意味だとか、建てたり外したりする作業自体が地域コミュニティーにとって重要なんだという様なストーリーをもう少し聞けると良かった。さらに、集落的な相互扶助が時代の変化の中で変わってきて地域住民ではなく企業が介在しながら循環をつくっていくんだという様なストーリーとかね。その辺がもう少し綺麗に描けるとさらに説得力が増すのかな、という印象を持ちながら聞いていましたけどね。

（中島）こういうことをやることの一つは、それは多分結なんですけど、ある種のそういうものの価値などを顕在化させて継続させていくためには必要だし、今回の技術のことを話していくとあまり技術的にはどうかと思うんだけど、やはり歴史的空間の再編とか継承という時にそれを生み出す技術の継承が一番大事なんだよね、どう考えても。でも、それが無いから効いてくるものがたくさんありますよね。今回は雪室だからそこまでの複雑な難しい技術ではないとしても、やはり、つくり方などをどのように継承できるかというテーマは絶対に歴史的空間の再編の中では一番重要だから、そういう意味でもこういうことを毎年やり続けるのはすごく大事なのではないのかなと思いました。

（横畑）文化の体験的継承というものも、解体と施工のサイクルの中で最も重要なファクターになっていると僕は考えています。

（塚本）私が一番気にしているのは、雪室の配置が中庭を閉じるようになっているところです。雪捨て場に持ってこられた雪を何人かで雪寄せして、そこにフレームを掛けるのか、あるいはある程度フレームを掛けたところに雪寄せするのか、どちらか知らないけれども、そういう実践を考えると、半分残された雪捨て場側に雪室をつくりやすいレイアウトになるはずで、そこが仮設の構造を組み上げ、解体する技術を継承する場になるとともに、夏は冷気を送り込めるように常設の建築に取り付くはずです。こうなってないと上手く自然の摂理を利用できない、というあり方に本当になっているのかな？ 例えばここは雪室？ 雪捨て場？

（横畑）そこは雪の搬入動線として確保したくて……

（塚本）常設の建築から雪捨て場に向けて櫛形に仮設がとりつくような、シンプルな構成にならないのかな？ もちろん中庭をつくってもいいけど、それは常設部分でつくれば良い。仮設でつくったり壊したり、雪を搬入したりと、すごく大変なことをやるわけだから周りに余白も必要だし、建築としてつくり込みすぎかなという印象を受けます。

（横畑）最初にいろいろなスタディをしていく過程で、並行に単純に雪室が並んでいるだけの状態から始まりまして、そこから雪室というものと建築空間が接続して接触する面や接触する空間が非常に新しくて豊かな場所になるので

はないかということを考えました。そういった結節点をつくって、そこを通してより雪に親しむということをしたかったのです。

平田 それは接触する面が増えるという話だよね。でも、どこかでもう少しシンプルさもいると思うんですよ。一個の雪室を建てて解体して、また建てるのにどのくらいのマンパワーがいるかは計算しておいた方が良い。それに対して会社が出してくれる人数がこれぐらいだったら一軒分か二軒分はできるとか、そういう根拠があればまだ良いのかもしれない。毎年やるのは結構大変ですよ。だから、全部解体するというのは本当に良いのか、徐々にぐるぐる回っていくというやり方なのか、あるいはその動く部分というのはかなり限定されたもので、それはその地域の社会の有りようのスケール感みたいなものにぴったりフィットしているという話があったりとか、そういうことをやっていくともう少し整理されるような気がするんですけどね。これを見ていると、僕はこっちは夏の様子でこっちは冬なのかなと思ったけど、こっちに雪捨て場があるという設定なんだとしたらちょっと距離はあるよね。ただ、反論するとしたら僕はもう5点入れているから、僕に言ってもあまり良くなくて、本当は松田先生辺りを狙っていく方が戦略的には良いかもしれない。

塚本 これって新陳代謝が季節で起こるスノー・メタボリズムじゃない？「なごり雪」はイルカの歌だよ。

宮下 誰も知らないでしょう？

横畑 知っています。

塚本 えらいえらい。

林野 すみません、時間もありますので次に行かせていただきます。ありがとうございました。では、「傷あと」の三島さんお願いします。三島さんに関しては質問もあったのですが、おそらくもう一回具体的な個々の例の説明をして欲しいという風に思います。

三島 模型の前で大丈夫ですか？

林野 どちらの方がやりやすいですか？

三島 では模型で。まだ説明していないところですとこちらなんですけど、ビルと町家の間にある敷地に計画していて、１階部分が月極駐車場になっています。町家なのか町家

ではないのかという話でいくと、僕は最初は町家にはこだわってはいなくて、風景を繋ぐものとしていろいろ考えていたのですが、途中から町家の要素を持ち始めているなというのはありました。そこで、店空間みたいなものは無いのですが、月極駐車場というのは平日の昼から夕方までは車がいなくなって、模型によっては駐車場でフリーマーケットをしていたりとか、移動販売車が来たりという、新しいまちと家の関係みたいなものがつくられているものもあります。

塚本 これとこれと、これはね、良いと思う。

平田 これは窓がある、窓があったっていう履歴をもう一回組み込んで、町家というものがもう少し豊かなものに進化しているんだよね。

三島 そうですね。

塚本 これはわからないな。

三島 これはここに道が通っていて、またこういう町家の並びと町家の並びがバッティングするところです。

平田 この屋根の形はどこから？

三島 これは道に光を落としたりとか、こういう屋根の連続が一度終わる場所にして、こういう形にしています。裏にある庭は、こういう裏と裏が結び付くところに対して2階部分に緑を置いてあげることで、フェンスや小屋というものを飛び越えて緑を一つ繋げていくような場所として提案しています。

中島 食い違った時、窓を開けたんだけど、また町家が建った時にその窓というのは閉めないのですか？ 窓は残り続けるんですか？

三島 こっちの家の話ですか。

中島 うん、横の家の窓。

三島 こっちの家が現在空いていて普通に家を建てます。

中島 ではそれは隣に人は生活していないから開けているんだよね？

三島 はい。僕はその家がこっちの家の開口部分をよけて建物を置いています。

中島 要するに、生活が丸見えということだよね？

三島 生活空間は基本こちら側で、こっちは客間と駐車場になっていて基本的にここの行き来はあまり無くて、こっちの人からもこっちの人からも窓は開けやすい空間として残しています。

塚本 でもアクセスは自分の家からだよね？

三島 はい。

塚本 意地悪なカラスのような人が上にいる、みたいなことが起こるかもしれないね？

三島 そこは信頼します。

塚本 優しい人なんだな。

中島 誰が住むんですか？ 横の人たちが、横の家に建って住むとかそういった誰がどうそこの町家を使って生活するのか。それがあると説得力が増すかな。

樋渡 せっかくならボイドのまま空けるというパターンも欲し

かったなと、個人的には思っています。あそこまでスタディをしているんだったら、その答えもあってもいいのではないのかなと思って聞いていました。

（三島）前提としてやはり、風景みたいなものを繋ぎたかったので、そこに人が住むというまちの生命力みたいなものが、まちが続いていくためには絶対重要だと思っているので、今回は住宅に絞っています。

平田　それからそもそも、パーキングがたくさんできるということは駐車場が決定的に不足しているということなんですね。そういう構造に対して、それを埋めてしまうという提案だけで十分なのかという話は根本的にあるような気もしています。

（三島）駐車場の数も調査して、新しく建てる時にもその下に月極駐車場を同じ数だけ残すようにしているので、これを建てたことによってこのまち全体の駐車場の数は変わっていないです。

平田　なるほど。

松田　一点だけ、「風景を繋ぐ」という言葉が気になりました。三島さんがいう「風景」は、本来の風景の意味とは少し違っているような。ヴォイドで空いているのもひとつ風景だし、むしろやりたいことはファサードを繋ぐということではないでしょうか。街並みを連続的に繋いでいきたいということですかね？

（三島）そうですね。景観という意味の風景というか、景観ですね。

松田　分かりました。そこは聞いてみたかったところでした。

林野　そうしましたら三島さん、ありがとうございました。次は「畳」の原さんお願いします。これはファサードデザインについての質問がたくさん出ていたかと思います。

（原）ファサードのデザインに関してですが、もう少しジャンプする部分があっても良かったかなと思うのですが、今回の提案はこれで良かったと思っています。挿入される都市機能というものの立体配置を、今回この切妻屋根が、ちょっと商業的でもあるのですが、表層的に場所を示していて、挿入されている銭湯、寺子屋、オフィスなどが外観ファサードから位置が分かるというようにつくりました。

「食寝再融合」原良輔（九州大学大学院）

ファサードの面もあるのですが、今回僕が一番推したいポイントとしては、僕は研究室のプロジェクトで熊本の災害仮設に行くことがあったのですが、そこで被災者の方と会った時に、今の団地に住んでいる人と通ずる部分を感じることがありました。被災者と同じく相互扶助を必要とする方々は、今の団地計画だと絶対に良くならない。今の団地計画だとそういう人たちは良い生活を送れないのではないかと思っていて、そこで僕たちは新しい団地像というものを提案してそれを実現させてくれるのが畳空間なのではないかという感じです。

塚本　こういうファサードのデザインは難しいのですが、それなりにいけていますね。すごい力があると思いますよ。ふざけた感じには見えないしね。

（原）手法的にはそんなにジャンプはしていませんが、立面配置のスタディはかなりしました。

塚本　これをやっぱり評価して欲しいよね。

（原）はい。

松田　いわば現代のお城のような迫力を表現できている感じがあって、パースを見るとやはり説得力があるんですよね。その良さは迫力なので簡単に言語化しにくいものですが、そういう言葉に出来ない何かを感じさせてくれているところは評価したいところです。

塚本　食寝分離というのはどういう思想的背景で始まったかご存知ですか？

（原）衛生面などの問題で、食べるところと寝るところが一緒だとまずいというところから、という感じですね。

塚本　最初は夫婦が寝るところをはっきりさせる就寝分離からはじまり、面積が限られた中での対応から食寝分離になりましたが、子どもをもっとつくりましょうという再生産の政策が背景にある。目論見どおり人口が増えましたが、今は減っています。絵にはたくさん子どもが描きこまれているので、一度分離したけど、再融合した方がもう一回再生産が活発になるという発想ですか？

（原）そうですね。

塚本　団地というのは使命を担って登場してきた施設なので、分離である程度上手くいったが、やがて上手くいかなくなった以上、次はどうするかという筋でこのタイトルは強烈です。計画学の人は腰抜かしますよ。だから、なぜこのタイトルなのか、主張して欲しい。

（原）「食寝再融合」というタイトルの真意ということですか？

林野 歴史的には、計画学で食寝分離という大きな流れがあったのですが、それをまたここで逆戻りしているわけなんですね。そこに関する強い意図が何かあったのかなと。

塚本 プランを見るとベッドルームが分離しているよね？

（原）再融合というのも実はnLDKをどうしよう、プランをどうしようという再融合というよりは、食寝分離の前の転用論回帰みたいな感じで、分離前の考え方に戻そうという感じで再融合というように使っています。

中島 現代社会の食寝という話はやはり、核家族がいて両親がいて、だけど今回は高齢者の夫婦だったり、あるいは一人親とかだよね？だからまさにそこが社会的コンテクストが違っていて、だから食寝再融合ができたりするとか、その辺が上手くあれば良い。一般論で申し訳ないけど、団地がものすごく多かったので一言言うと、どうしてこの建物しかやらないのか。目の前のオープンスペースは、建築だからやらないのか。このパースもすごい気になるんだよね、目の前のここここそが相互扶助が起きそうなオープンスペースだし。グラウンドフロアというのはやはり全然意味が違うわけだよね。その辺が惜しいよね。なぜここだけでという理由はあるんですか？そういうプランも本当にある？

（原）イメージとしては、こういうファサードが立ち並ぶ団地ゾーンになることで、GLも刷新作用が……

中島 団地の一番のポイントは低建蔽率の豊かな緑地だよね。団地というのはそれとセットで団地。これ住棟なんだよね。団地の再生と謳うにはそこも含めて、僕は建築がやって良いと思うんですよね。

宮下 ここに座っていると後ろ側が見えるんですよ。さっき塚本先生と話している時に、ここまで徹底的に後ろ側を触っていないのは、君たちの強い意図があるんじゃないかと思うのですがどうですか？あまり今までそこに触れられていないので。

（原）そうですね、恣意的にやっているのですが、１階に共用玄関を持ってくることで団地内全部が常足空間になって、これまで動線部分だった北側のファサードが反転して、南側の巨大なリビングのリビングアクセス方式みたいに変わります。そうすることで北側が完全にバックヤードになっ

て、例えば、勝手口みたいな使い方になるのかなと思っています。そのため北側は全く手を付けていないです。

林野 はい。ありがとうございました。最後は「広州」の朱さんお願いします。特に積み残しということではないのですが、テーマパーク的なものなのではないかというご指摘もありました。

（朱）今回この設計をしていて、自分の中でなぜこの設計をやろうかという軸になったのが、私自身が日本に生まれて、お母さんとお父さんが中国人で、自分自身が日本と中国の架け橋になっていて、それは水の民も一緒なのではないかなと思って注目を向けた点です。水の民の村に行ってきて、構造の中で、柱と柱がなぜ水の上で立っているのかと聞いた時に、水の上というのは風通しも良くて開けた空間であることと、以前あった漁業の営みという仕事の関係性で住んでいるのだという背景がありました。水の上で立っている構造として、麻布というものを使って組んだりとか、そういうものを実際に一緒に見て行って、こういうものを伝えていかないといけないという思いがあります。私自身が中間地点であることから、陸と水の民の人たちを繋ぐような場所であり、営みを残せるような場所というものが、歴史的な再編として必要なのではないかなと思って提案しました。

宮下 今、テーマパークではないかという話も少しありましたが、良いテーマパークというと変だけど、ただの見せ物というのではなくて、きちんとしたものをこれから残していくためにはこういうものが必要だという考え方もありだと思います。その意味でも何か自治的なものがこれから生まれてくる仕掛けというのがあると、もっと面白くなっていくのかなと思うんだよね。リサーチもしっかり行っているし、陸と水の民の問題点、例えば戸籍の問題など、いろいろなものも建築的に解いていたりしているし、起点からグラデーションのように拡張していくみたいな方法が、すごく明快に語られているという点でとても面白いと思っています。ただ、新しいものを生み出す苗床というか、次を産んでいくプログラムがさらに入っていくと、さらに面白いかなという印象を持ちました。例えば魚を売るという商売一つでも、売るだけではなく

「水上ノ民、水辺ニ還リ、」朱純曄（工学院大学大学院）

て、商売をきっかけに新たな自治体制が生まれていくような仕掛けというのを考えていたりしますか?

朱 考えていたのは、資料館のような場所です。実際に陸上がりした人たちが、子どもたちに教える場であったり、そういう場所を運営しながら、海側では水の上にあった広場の使われ方を実際にやってみたりとか。あとは中国の正月のイベントや、そういう水の上ならではのものがここで催されて、継承していくようなことです。

宮下 午前中の話の中で、土地の所有権みたいな話があって、水の上はそれが無いから難しくて陸に上げられているんだよね? だから、その辺を面白くするシステムが一個絡むといいなあ。水上権ではないですけど、水の民も何か得られて、それがこのまちをつくっていく一つのシステムになっていったりするととても面白いなと思う。水の民が水の上にいられる権利みたいな。

中島 宮下先生と全く一緒だけど、最初はやはりシステムの部分と、自由にできる部分を区別してあった方が良かったかなと思いました。この部分は公共インフラとしてもつくるけど、後は自由に建てられるというね。それが水上の、ある種の権利が無いからこそ自由だという。それが全部つくっちゃうからテーマパークというか。その区別、つくってもデザインしてもいいけど、ここは絶対変わらない部分で、ここら辺は可変的であるとか、人が自由に増築していけるとかって、何かそういうのがあると。多分そういうプロセスでつくられていると思うんです、ああいうのもね、今あるやつも。それがちょっと固定的なのが、確かに自治が生まれるまでの最初の段階とは言うけれど、このままだと生まれないような気がする。だからシステムである部分と、そういうくっつけられる部分と、そこがあると良いなと。

平田 町家の「第五世代」の話にあったように、ここに元々住んでいたおじいちゃんおばあちゃんの世代から孫の世代にまで変わっていこうとすると、ここに新しくつくるものが、もう少し変質した方が実はここに人が住むということになるかもしれないということもあるじゃないですか。そういう変化すべき部分というのがどこなのかなというのが、ちょっと分かりにくかったかなと。だから、テーマパークというか、要するに元々あったものを形として保存するということになって、生業として引き継いでいって保存するというものとの違いというか、その辺がよく分からないのだけど、でもすごくよくできていることはできていて、こういうものが建ったら多分楽しそうだなとは思いますけどね。

塚本 人聞きだから正確ではないかもしれないけど、Googleが自動運転車を実験させてもらう見返りに、小さな町にいろいろ公共施設をつくったり、無料のバスを走らせたりしているらしいです。この提案の場合も、自動運転の水上モビリティの拠点になるなど、水上交通を復活させるシナリオがあると、次なる現実に接続する可能性が出てきて、蛋民の人たちの水上住居を再現するテーマパークに留まら

ないものになると思います。水面は壊れないので災害時に有効だとか、水上交通は見直されてきているんですけど、まだまだですよね。

朱 はい、確かに。

宮下 本来、建築は基礎を持つんだけど、その意味ではこれも水中に基礎的なものがあるから建築と呼んでいいと思います。でも土地の権利は無いみたいなことですよね。先ほど敷地というものが無いという話がありましたけど、だからこそITやIoTなどがとても入りやすいかもしれない。それによって漁業が変わっていくだろうね。最先端の、新しい水の民の住まい方が、古い歴史のベースに乗ってくるというのは非常に魅力的かなと思いますよね。

平田 ここは水害とか来ないんですか?そういうのに対して、かなり流されてしまったりとかするような脆弱なものだとしたら、もう少し今のテクノロジーを使って、フレキシブルにそういうものにも対応できるとか。いろいろな形で更新されていく余地があって、新しい技術とか新しい考え方をもう一

回生活スタイルとかにブレンドされていくというか、そういうものができると良いですよね。

樋渡 テーマパークにしたら絶対面白そうな感じがするのですが、そこがテーマパークではないから逆にリアリティーがあって、可能性がある。もっと水から見た視点というのが欲しかったな。プレゼンを聞いていたら、陸からどう繋ぐばかりで、結局陸からの視点で川を見るみたいな。船の方からの復活を目指したいと考えているのであれば、もっともっと船からの視点を描いた方が良いし、夜に光を灯すとかなり海に反射して、すごく綺麗な風景になると思うんですよね。このまちができると、すごく綺麗な風景がいっぱいできるみたいな、私は模型で見ているのでそういう発想になりました。それをいっぱい描けると、もしかしたらその後ろの背景もビル群も活きてくるかもしれないし、もう少し大きい視点で捉えると良いのかなと思いました。

松田 先ほど、大きくは水上マーケットで、そこに資料館をつくりたいという話だったのですが、朱さんのプレゼンを見

直したら、もっと複雑なプログラムになっていましたね。水上市場のほかに、資料館と食堂をつくる、また宿泊施設と養殖場もつくるということも書いてある。住むことはないというので、最初は居住施設ではないと思っていましたが、部分的に宿泊施設として使うなど、かなり細かいプログラム設定をしているわけですね。だから、テーマパークと呼ばれようと呼ばれなかろうと、模型は一見全体的に一様な感じがしますが、実は多彩なプログラムを含んでいるというところが、この作品の奥の深さかなという気がしました。

林野 はい。ありがとうございました。そうしましたら、学生さんたちに言いたいことを言い切りましたでしょうか？大変接戦で、しかも非常にハイレベルな戦いで、ここからどうやって決めていこうかという感じですが、もしよろしければ、各先生お一人ずつに「自分はこれにグランプリを与えたい」ということと、簡単な理由を1分ずつくらいで、樋渡先生から順にお聞きしたいのですが。

樋渡 私はもう、フィールド調査をどれだけやっているかと

いう点です。歴史からの視点で言うと、そこはすごく地味なんですよね。結果としても表れにくいし。そこを一生懸命頑張っているものを推したいなという意味で「川越」と「広州」を5点にしました。

中島 私は「畳」と「雪室」なんですけど、今の最後のやり取りを聞いて、「雪室」がすごく強い思いと、今の地方に対する問題意識がよく伝わってきた。建築計画的には、配置計画にはいろいろ問題がありそうだけども、やはり歴史的空間の再編というのが地域社会とか、我々のこれからの社会にとってどう重要かということを一番端的に発してくれた「雪室」が、私はグランプリにふさわしいのではないかと判断します。

松田 非常に難しいです。私は「畳」と「広州」の二つの間で揺れているという感じです。強いて言えば、「畳」の方は最初に年表がありましたが、食寝分離から51C型を経て「食寝再融合」に至るという、すごく射程の広いビジョンを提示しているというところが、なかなか魅力的だなと思いま

した。

平田 僕は総合的に見ると「雪室」の案が最もグランプリにふさわしいかなと感じています。全体のビジョンに対してのきちんとした説明がある。「傷あと」の学生もすごく丁寧に仕事をしていて好感が持てるのですけど、ちょっと言葉として弱いかな。もう少し全体に対してこう考えたんだと、ここでグランプリを取るためには説明がいるのではないかと。控えめなのだとしても、何か言葉として一言でも言うというのが、やはり建築家としては必要ではないかなという気持ちがどうしてもあります。それで「畳」の案も素晴らしいと思いますが、もう少し半屋外とかもあっても良いような気がする。何となく、どこかの別の場所の温泉街のような寒いところに建っている建築のような気もしていて。若干活気はあるのかなと思っていて、「畳」によって団地のプログラムを融かして再融合しようという、この大胆な計画自体は、グランプリに値するような大胆さを持っていると思うのですが、ちょっとそこのところで僕は引っかかって、「雪室」の方にやはり一票投じたい感じがあるかなと思っています。

宮下 私は「畳」と「広州」に一番高い点を入れているのですが、アイデアや発想、そのテーマみたいなところの強さで言うと、やはり「畳」なのかなと思っています。一方で、ファサードのデザインや前のところの空間のデザインがもう一つなんですよね。すごく良くできているという話が塚本先生からありましたけど、私も非常に器用によく解けているとは思うんですが、何かもう一つ説得力が欲しいという印象も否めません。ファサードだけに限らず、歴史との関係性というのが提案に強く反映されたら、もっと良かったなと思う。そういったことから総合的に私は「広州」かなと思います。それから、悩んでいるのは「雪室」ですが、「雪室」は地域としてのシステムが少し弱いなというのと、非常に魅力的な形ではあるのですが、その正当性みたいなところがちょっと弱い。そういうことを考えると、「広州」が私の中では今一番推しかなという感じです。

塚本 私は「雪室」と「広州」に5点入れました。「広州」は彼女のスピーチが本当に良かった。朱さんは漢民族で、蛋民ではないのだけれども、何か建築を考えることを通して当事者性を、自分が当事者であることを引き寄せようとしている。私は最近、建築をやるなら当事者性の問題がとても大事だなと思うので、「広州」の朱さんの方に非常に響くものがあります。対して山本君の「雪室」は、どこかで上手くやってやろうという感じがあるのだけど、ただ彼が雪室を発見した時の感動が今も残っていることが形に表れている。ピットと屋根しかない、最もプリミティブな壁の無い建築によって、感動をずっと定着させているのはやっぱりすごいことですよね。だから私はまだ揺れています。

平田 「雪室」は見たことのあるプロフィルでありながら、こういう風に押し出して、こう組み合わせるというのは見たことがないんですよ。それはやはり建築的な提案足りえて

いると思うんです。朱さんの話は僕はすごい引き込まれるし、話し方もとても素晴らしいと思うけど、見たことのないものにはなっていないというのは言っておきたい。

林野 そうしましたら、今の話の感じですと4位に「傷あと」、松田先生が推してはいましたけれども、複数人推していなかったということで3位に「畳」。そして決戦が「広州」か「雪室」かということになるのですが、よろしいでしょうか？では、4位に「傷あと」、3位に「畳」で決定です。おめでとうございます。

ファイナル

想像することで繋がる当事者性の問題
接戦を制したのは「広州」か「雪室」か？

林野 では、いよいよ最後の決戦をしていきたいと思います。中島先生から「当事者性が」と、ずいぶんな批判的な言葉があったのですが、その辺りいかがでしょうか？

横内 当事者性というところについてお話いただいたのですが、我々は研究室の活動として毎年、秋田を対象としていろいろな提案をさせていただいています。その過程で、偶然にもこの横手市に関しては二年連続で関わるようなことがありました。研究室プロジェクトとして、まちの人と関わったり、まちの朝市やそういった伝統的なものに関わる機会を得ることができまして、そうやっていろいろな人と話しをしていたことに加えて、特に地域で以前隆盛を極めていたけれど少しずつ下火になって、業界自体が下火になっていったことで姿を消していった日本酒業界というものに、雪室を通して出会うことができました。そういった方たちと連絡を密に取りながら提案をつくることができたということに関しては、ある程度の当事者性というものは確保できているのではないかなと考えています。

平田 ちょっと議論を面白くするために言います。僕は当事者性というのは確かに大事だと思う。だけど、例えばお祭りの人々の当事者になりきってしまったら、公共建築には対立というか、利害が必ずしも完全にぴったり一致しない人たちがいて、憑依しきってしまったときに反対側の立場に立てない時もあるし、なかなか難しいんですよね。塚本さんから一番最初に当事者性という話を聞いたのは、小嶋一浩さんのことについて話し合った時で、被災地での話がベースにあった上での当事者性という話だったので、深く納得するところがあった。しかし、今ここで審査の基準として当事者性のある、なしというのがとても支配的になることに関しては、建築というものはどのように当事者性というものに対してコミットしていくべきなのか、という議論がもう一重に無いとなかなかリスキーということです。一方で、朱さんが語っている時に半分憑依して、自分の立場と少し並行して乗り移っている感じというのはすごく僕は感動しましたけれども、それと今のこの話はどこかで分けなければいけないという気もしています。

中島 その人が当事者であるかどうかというよりも、当事者の人たちのことをどのくらい理解できているかという、想像力の、まさに大谷先生が言っていた話ですが、別に朱さんだって当事者ではないけれど、それを想像して、どこまでその人たちのことを考えられたか、そこを今見たいと思ったというわけで、その人が別に秋田出身だからじゃあオッケーみたいな、そういうことではないわけですね。

塚本 当事者性については、歴史に対する向き合い方にも関わってくると思うので、少し長くなりますがコメントさせてください。東京には都心に近いところにも、郊外にも戸建住宅がたくさんあります。キャリアの浅い若い建築家は、小さな戸建住宅の設計をする役回りになるわけです。私も夢中になってつくってきましたが、途中から「何なんだろうこれは」と考え始め、最近は戸建住宅の設計は、第二次大戦の焼け野原からの復興にまで戻って考えるようになりました。敗戦当時の日本は最貧国で、主権もないですから、まちの復興はやれる人からやる式になり、誰でも手がつけら

れる戸建の木造住宅が主役となったのです。私の若いころの仕事は、そういう戸建住宅の数世代後の建て替えであることに気づくと、私自身は戦争を体験していないけど、そんな風にして実は自分の問題として戦争のことも考えられるのではないかと思うようになりました。建築というのはそれ自体息が長いし、それを成立させる条件が社会の中に整うのにはもっと時間が掛かります。そういう条件の上に、普段の我々の仕事は乗っかっているのですが、そういう仕事をしながら、それが何の上に乗っかっているのかを考えることが求められているということです。それは歴史を記録として、情報として受け取ることではなくて想像するということであり、当事者性の問題と繋がります。歴史的空間再編コンペも8回を数えて、いろいろなアプローチが出てきていますが、そういう想像力みたいなものがもっと出てくるのではないかと期待しています。「雪室」に、そういう意味での当事者性が無いと言いたいわけではありません。私が一番引っかかっていたのは、雪を捨てて、それを寄せて雪室をつく

る実践を、本当にこの建築は想像できているのかということなんです。雪室を見つけた時の感動をここまで育て上げたのは素晴らしいことなのですが、本当にこの「雪室」が、雪国の人が負わされている、雪かきや雪下ろしのあのきつい感じ、その当事者性を受け止められているのか確信が持てないのです。そのせいでしょうか、雪をためれば夏涼しく、日本酒の醸造ができるし、企業の人も興味を持つだろうから、施設として運営できるかもしれない。加えて駅前で伝統文化が体験できるのは良いことだ。というのが何だか旨い話に聞こえてしまう。山形の新庄に積雪地方農村経済調査所という、今和次郎がデザインした建築で、現存する二つのうちの一つがあります。ものすごく可愛らしい建築です。それはなぜ建てられたかというと、新庄市から出た衆議院議員の松岡俊三が1925年に国会で大演説します。当時の大正デモクラシーは「平等性」を強く推進したので、税金もどこに住んでいようと同額だったそうです。彼は、九州なら二毛作や二期作ができるのに対し、雪国に住んでいる我々がどうして同じ額の税金を払わなくてはならないのかと訴え、雪害という概念を提案します。関東大震災からの復興に経済的援助が行われたことを受けて、我々は毎冬に雪による災害に見舞われているのだという主張が認められて、今でいうところの農林水産省が積雪地方農村経済調査所を新庄に設立します。そこに当時のスター研究者が集められます。雪の結晶の研究で有名な中谷宇吉郎がソリを改良するために、ブレードの断面と雪の関係を研究し、今和次郎は雪下ろしをあまりせずに、アクセスが確保できる耐雪住宅を研究します。フィールドサーベイで訪れた、ある村の小学校の教頭先生の家が、1階を倉庫にして、階段で2階からアクセスする形式になっているのを見出して、これを下敷きに模範住宅を設計します。研究所の建物はその延長につくられたものです。それを見ても雪国の厳しさが並大抵のものでないことが伝わってきます。私も新潟の川西町の、雪で完全に閉ざされてしまうキャンプ場のコテージを設計したことがあります。その地域の雪は私の知っている雪とは全然違って、湿って重いので、雪解けのときに庇や外壁を引っ張り、壊してしまうほど凶悪でした。雪がのっぴきならない対応を人間に求めてきます。そういう問題を共有しているからこそ、雪国の人たちは自然にお互い助け合

うのかなという印象を持ちました。そういう経験に照らし合わせて、雪捨て場から雪寄せをし、雪室に入れる実践がとても気になるのです。

横畑　この提案をつくるにあたって、地元の方とお話をする機会があったのですが、この地方の雪が重くて、できればもう自分で雪寄せとかをしたくないと。こういう雪を利用できるのは分かるけど、実際こういうのをやるのはしんどいよねと言われたことがありました。それまではもっと密な提案をしていました。でも、そういった機会を経た後に、可能な限り人力で行うことを減らすことができないかということを考えました。プランをつくる上で、トラックや雪を寄せる除雪車といった機械が入れるようなスペースを絶対に確保しようと設計をしています。この北側の二本の雪室に挟まれたエリアがあるのですが、ここが雪を積極的に貯めていくところの中では一番狭くなっているのですが、ここにも車が入っていって、そこで雪を降ろせるようにしています。

塚本　ここにも入れるの？

横畑　はい、入っていけるようにつくっています。

塚本　でも雪が積もったら入れないよね。

横畑　そこもきちんとならして通れるように設計を行っています。ここに貯めこんだ雪をそのまま左右の雪室に落とすなどして活用しよう。近頃、雪寄せをスポーツにするみたいなムーブメントがあったりするのですが、そういった積極的なムーブメントはあっていいと思うのですが、必要に迫られてこの施設のために人力で雪を寄せるということは可能な限り無くしたい。実際にそういう建築の設計を目指したものになっています。

樋渡　唯一評価が低いのが私だと思うのですが、なぜかと言うと、前提条件が全く分からないというところで評価を落としています。というのは、どこに集落があるのかや、その雪がどこから来るのか、どのくらいの量があるのかが分からなくて、なぜこんなに建築があるのかとか、ボリューム感というものが具体的に掴めなくて。歴史性というのは先ほど、もちろん伝統的な建築もあるだろうし、さっき先生方が付け加えてくださった技術というのも非常に大事だと思うので、そこは評価したいと思います。しかし、具体的にこの地域の、この場所の在り方というか、この敷地だけではなくて、そもそもこういう場所が必要というのも分からなかったし、それこそ家の前に積むのが一番楽じゃないですか。雪の量がすごいから、こういう場所ができていることですよね？

横畑　この雪捨て場に関して申し上げると、民家から行う雪下ろしというのはせいぜい屋根から下ろして、通路を確保するくらいしかしないのです。そこでどうしてこういった大きな重機が出てくるかというと、この地方の車社会においては、絶対に道路の除雪が必要であるという前提があるのです。そのため、基本的には道路の雪を持ってくる場所というようになっています。このまち全体にも、雪捨て場とし

て使われている空き地は複数あります。

樋渡 それを聞きたかったです。こういう場所が点在しているのか、それとも駅前に一個ボンとあるだけなのか。こういう大きいものをどんと一個つくるより、まちなかに点在させた方が良いのではないかと思ったので、そこを伺いたいです。

横畑 この提案は、駅前という立地もあってロータリーの雪を除けなければいけないという条件から、特に近場から雪がたくさん集まってくる場所ということと、この雪を利用する価値の転換を行うという象徴的なケースになると僕は考えています。それで、まちなかにたくさん散らばっている小さな雪捨て場や、必要に応じてあちこちに確保されている雪捨て場には、もっと簡略化されているような、単に平行に雪室が並んでいたりするような形態のものがふさわしいと思っています。先ほどもつくり込みすぎているというようなご指摘もあったのですが、それはこの場を象徴的なものとして一つつくりたいという思いがあってこういう形になっています。

平田 一個一個の説明を聞くときちんと理路整然と言っているのだけど、何というかある種エリート的な説明なんですよね。研究室で何かやったというのも、結局すごくきちんと関わっているんだろうけども、何かそういう側からのアプローチであると。でも、完全に半分認めてやっているところに、ある種の潔さを感じるというのもあって、別に僕はもうこの地域のことを本当に考えていましてという人が本当に考えているかどうかは分からないからね。逆にそこまで考えていないけど、こういう風に考えてやっていますという、あくまでドライな立場の説明に徹しているというのは、ある意味では好感が持てるという気は個人的にはしています。ただ、つくり込みすぎがどうのこうのというのは、つくり込むことが問題なのではなくて、どっち方向につくり込むかという時に、より積極的な想像力を働かせた方が「あっなるほど、こうなっているんだ」とものすごく建築の煎じ詰められた魅力というか、力みたいなものにもっと至れるはずだから、そうやったら良いのではないかと。本当にそうやっていて実現したらすごいことになるなという気はしますけどね。

「なごり雪に涼む」横畑佑樹(日本大学)

塚本 例えば住民ワークショップで、ここの方が雪室をつくるのには適している、雪室が無いただの四角い建物の方が全然やりやすい、と言われたらどうする?

横畑 あくまで僕は、ここの住人、地元の方が気付いていない魅力にたまたま気付いて、外から提案する人間という立ち位置はどうしても揺るがないと思います。地元の方からしたら、どんなに寄り添っている風を装っても、結局「外から見て提案してくる立場の人なのでしょ?」という。

塚本 地元の秋田美人と恋に落ちて、結ばれてここに住む人にだって君はなれるんだから、それは分からないよ。

林野 すみません、そろそろ終着点を見据えたいと思うのですけれども、どうでしょう?塚本先生、審査員長のお心はまだ伺っていなかったのですが、決まりましたでしょうか?

塚本 私はオープンにしておきます。皆さんの意見を。

林野 そうですか、はい。松田さんまだ何かありますか?

松田 単純に、まだ理解できていないところがいくつかあるんですよね。最初に聞いた時は、その端の小さいところに雪を入れるみたいな話をしていたと思いますが、それは違うのかな?それから中庭を掘り込んであるじゃないですか。そこを場所としてどういう風に使うのか気になるところです。中庭の重要性をもう少しアピールして欲しいなという気がしました。というか、掘り込む必要は本当にあるんでしょうか?

横畑 周囲に貯めた雪から発生する冷気が自然に流れて溜まっていくように……

松田 冷気のためですか?

横畑 冷気のためであるのと同時に、ここはわざわざ雪を寄せたりするような場所ではないのですが。

松田 単純に掘り込んだ中庭があれば、そこに雪を入れるようなイメージがあるんですけど。一部は入っていますよね。でも積極的にそういうふうには使わないというのは、なぜですか?

横畑 これはもう降ったままで、自然に降った高さでしか中庭には雪が来ないという僕の設計にあたっての……

松田 雪が溜まると、掘り込んである中庭に入れていくというのが良いのかと思っていましたけど、やはり違うのですか?実はそれがずっと引っかかっているんです。

横畑 この中庭には、雪が解けていく夏の間は高低差が発生して冷気が自然に流れてくるけれど、冬になってこの地域にたくさん雪が降って積もってくると、この施設が持っている基礎と同じくらいの高さにまで中庭の高さが上がってくるということを念頭に置いています。

松田 中庭と同時に他のところも同じくらい高さが上がるわけですよね。同じ雪が降っていれば。

横畑 他のところは、積極的に地面を活用するために雪を寄せたりすることがあると思うんです。この中庭に関しては、降ったままにしておくと僕は考えて設計を行いました。

松田 それを聞いてもあまり理解ができない。中庭に降る

雪の高さというのは次第に変わるじゃないですか。雪の量によって。だから中庭を降ったままにしておけばいいと簡単に言いますけど、この点、僕が理解できていないだけなんですかね。

（横畑）それから、ここで起こることに関して申し上げると、大きな雪室とはまた別の小さな雪室を組み上げたりとかして体験的に継承していくというプログラムがあります。

（松田）夏の話ですよね？

（横畑）そうですね。組み上げるのは夏で、実際に雪が溜まっていくと、この小さい雪室の天辺が少しだけ出ていたりとか。

（松田）冬は使えないわけですよね？

（横畑）雪室自体は使わないです。

（松田）いや、だから中庭をもっと深く掘り込んだ方が良いのではないかとかいろいろ考えるんですけど、そうではないのですか？

（横畑）そうではないと僕は思いました。

（平田）雪を外側から寄せて、外周部に近いところにある雪室に入れるから、中は空洞のまま残るという配置上の考え方なのではないかなと思うので。さっき塚本先生がおっしゃったみたいに、真ん中にボイドがあって、周囲に雪面があって、そこの雪面から雪を回収するというのが最も普通に考えられる図式だと思うんですよね。

（松田）そこを1ヵ所空けておくというのが一番合理的なのですか？

（平田）彼はそう考えているのだと思いますね。室内の床の高さと雪が降った時の高さは少なくとも近づいていくという。外構の話をするとややこしくなるけど、床の高さの話は少なくとも言えるだろうというようなことが、潮の満ち引きに近いような形で地面というのが、雪がある地面とそうではな

い地面がアップダウンするというベーシックなアイデアなのだとしたら、そこは僕は理解できるかなという気がしました。

（松田）なるほど、分かりました。僕の点数がやや低めなのは、こういうすぐに理解できないところがいくつかあって、今みたいな話を例えばダイアグラムなりなんなりで分かりやすく示してくれたら、例えば夏と冬とその雪が降った時の断面とかがあれば、結構分かったなという気がしました。そのため3点を入れました。

（林野）大変盛り上がってはいるのですが、そろそろ決選をしていきたいと思います。では、どう決選するかという話があるのですが、もう今までの票は全て無しにして、挙手でまずは決めさせていただきたいと思います。先生方、しばらく考える時間を取りたいと思いますので、30秒ぐらい考えてください。目をつむって原始的なやり方でやろうと思います。よろしいでしょうか？では第8回の歴史的空間再編コンペ、グランプリにふさわしいと思う方に挙手していただきたいと思います。「雪室」がグランプリにふさわしいと思う先生は挙手をお願いします。はい、では「広州」がふさわしいと思う先生、挙手をお願いします。はい、ありがとうございます。実はですね、同点でした。同点ですので、どうしようという感じなのですが、最終的には審査員長権限で塚本先生に決めていただきたいと思うのですが、いかがでしょうか？よろしいですか？

（塚本）そうすると私が推している「雪室」になってしまうけど？

（林野）はい。

（塚本）では「雪室」！

（林野）はい、では今年のグランプリは「雪室」に決定です。おめでとうございます！

▶ 最終結果

順位	出展ID	出展者	作品名
グランプリ	KSGP19059	横畑佑樹（日本大学）	なごり雪に涼む
準グランプリ	KSGP19202	朱 純曄（工学院大学大学院）	水上ノ民、水辺ニ還リ、
3位	KSGP19114	原 良輔（九州大学大学院）	食寝再融合
4位	KSGP19106	三島みらの（金沢工業大学大学院）	傷のあとの建築
5位	KSGP19107	外山純輝（日本大学大学院）	拝啓○○様.
6位	KSGP19049	池田昇太郎（北海道大学大学院）	相反する地表
6位	KSGP19074	小島厚樹（新潟大学大学院）	石蔵の停留所
8位	KSGP19093	塚越喬之（金沢工業大学大学院）	町家第五世代
8位	KSGP19138	高梨 淳（東京理科大学大学院）	鳥のいる日常
10位	KSGP19121	落合 諒（東京理科大学大学院）	駿府の城
10位	KSGP19006	内川公貴（熊本大学大学院）	歩車分離、歩水融合

本審査　総評

©Luca Gabino

歴史的視点から切断／連続をどのように再解釈できるか —— 平田 晃久

歴史を作ってきたのは、時代ごとの近過去を連続的に継承したものよりは、むしろそれを切り裂き、変化させる営みなのではないか。京都で建築を学んだ頃からそんなふうに考えてきた。不連続の連続としての歴史。しかし、塚本さんが議論していたように、産業革命以降の「切断」は、あまりに支配的で、いま不連続性を呑気に語りすぎるのも問題がある。では歴史的視点から切断／連続をどのように再解釈できるか。

「なごり雪に涼む」は、伝統的な雪の貯蔵庫を踏襲しながらも、歴史的な外観の背後にあるプロジェクト全体のフレームワークは、現代的だ。そんな奇妙だが興味深い融合のおかげで、地元に閉じるのでも完全に開くのでもない新しい均衡が生まれている。

「拝啓○○様。」は川越の地元に住む人々の実際の暮らしと、表通りの「歴史性」とのギャップそのものを建築化している。丁寧な調査や地元の人々との対話から、我慢強く実直にあぶり出された提案は心を打つ。

「町家第五世代」「傷のあとの建築」はいずれも地元金沢の学生による金沢の「町家」というタイポロジーを継承／更新することを意図した提案である。「第五世代」は分かりやすい言葉で提案にビビッドなまとまりを持たせつつも、個々のプロジェクトと「町家」のタイポロジーとの関係がやや不明瞭である。他方「傷のあと」は、駐車場敷地に設定された個々のプロジェクトは建築としてのクオリティが高く、町家との関連性も違和感がないが、既存の駐車場をなくす提案の全体が街全体にとって何を意味するのか分かりにくかった。しかし、このような面白い試みが地元金沢から上がってくるのは良い。

「駿府の城」は歴史的連続性への強迫観念に対して小気味良い切断を提示した作品である。駿府城の天守閣は史料の不足から復元そのものが出来ず跡地は何もない状況が続いている。看板でできた仮設の城の提案は強烈なアイロニーである。

ここには触れられなかったが、畳の可能性を再解釈した「食寝再融合」、土地に縛られた制度を問い直す「水上ノ民、水辺ニ還リ」など、歴史の連続／切断と解釈できる幅広い作品があり、ここでしか出来ない議論も含めとても豊かな時間を過ごすことができた。

歴史は建築空間だけでなく、地域の社会、経済、政治の構造にも宿る —— 中島 直人

「歴史的空間再編」という一見固い言葉にも、さまざまな解釈があり得るということが新鮮であった。作品の多くはおそらく卒業設計などの既存作品であり、それをいかに「歴史的空間再編」に読み替えるかという過程を経てきているのだろう。それ故の強引さも見られ、「歴史的空間再編」が拡散してしまって焦点がぼやけてしまっているようにも思えた。しかし、一方で、会場に並べられた作品群を巡り、提案者たちのプレゼンや議論を聞いているうちに、むしろ「歴史的空間再編」とは特別なテーマや限定的なカテゴリーということではなくて、空間へのあらゆる介入行為に必ず伴うものである、本コンペを通じてそのような認識を確認することの方が大事であると思うようになった。

一次審査通過作品はいずれも力の入った作品であった。結果的にグランプリとなった「なごり雪に涼む」をはじめ、地域固有の生活空間文化を丁寧に読み取り、そこに現代の建築や都市の課題を重ね合わせて新たな空間を構成した作品も数多く見られた。しかし、一点、異色だったのは「食寝再融合」である。その破風を重ねた派手な外観がキャッチーであったのは確かだが、それよりも西山夘三が提唱した「食寝分離」という計画論そのものを再編しようという戦略によって、他の作品とは異なる位相で「歴史的空間再編」を議論していたことが強く印象に残った。

全体を通じて、提案がどのような地域のどのような場所に位置しているのか、地域文脈の説明が不足していたり、「空間再編」と言っても建築的ソリューションに終始している作品が殆どなのも気になった。冒頭で「歴史的空間再編」の解釈がさまざまであったと述べたが、それはあくまで「建築コンペ」の枠組みの中で、ということであった。歴史は建築空間だけでなく、オープンスペースにも自然生態系にも、地域や都市の空間構成にも、いや地域の社会、経済、政治の構造にも宿る。建築の仲間うちを超えたコラボレーションを試みるチームがあってもいいのではないだろうか。

なお、印象に残ったのは作品ばかりではない。学生団体による素晴らしい運営、そして「金沢学生のまち市民交流館 学生の家」という豊かな趣のある会場も印象的であった。このコンペ自体が「歴史的空間再編」を実践する場であることがよく分かった。ファイナルプレゼンの会場となった交流ホールで、審査員席からずっと見えていた扁額には「楽以忘憂」とあった。楽しみて以つて憂ひを忘れる —— 今回のこの場に参加した学生たちには、今後も空間再編を大いに楽しむことで、人生の小さな憂いなど吹き飛ばしながら、志高く、自分の道を進んでいってほしいと思う。

本審査　総評

背景の理解は、その場所を根本的に見直す「再編」に繋がる —— 樋渡 彩

普段見ている「何気ない風景」の価値をどうすれば見出せるのか？というのは、我々都市史研究者が日々考えていることである。都市史研究は、その場所が、（いつ誰によって）どうつくられ、使われ、現在に至るのか、その変化の過程を読み解き、それぞれの時代における場所の意味を考察する学問である。同時にこの手法を使うことで、歴史のレイヤーの重なりを考察し、その土地の新たな価値を見出すことができる。本コンペでは、まさにこうした都市史的な視点も求められている。

今回審査した作品の多くが、重要伝統的建造物群保存地区のようなすでに価値づけされた場所ではなく、応募者自らが発見してきた「歴史的空間」だったことは評価に値する。しかし、その場所がいつ誕生し、誰にどう使われてきたのか、なぜ現在のような状況になっているのかといったその土地が語る背景を軽んじた提案が多かった。

また、歴史に学び、未来を提案するならば、その土地の歩んできた年月と同等、あるいはそれ以上先を見据えた提案を期待したい。なかには1970年代を対象とするような作品もあった。私のフィールドであるイタリアでは、18世紀後半のフランス革命以後を「現代」という。イタリア人のある教授は「19世紀は歴史ではない」とはっきりと言っている。本コンペに応募した学生が1970年代を歴史と捉える感覚とは大きく異なる。これは、スクラップアンドビルドが日常茶飯事の日本において、50年にも満たない場所でさえ「歴史的空間」になり得るという、ある意味、日本のサスティナブルな視点の危機的状況を端的に表しているのではないだろうか。本コンペを通して、まだ眠っている価値ある歴史的空間や資産が日本にも数多く存在することを示せるのは、これからの日本にとって必要なことだと思う。

最後に、対象地をそこのみでなく、敷地周辺、そして都市全体、さらには都市周辺の広大な「地域（テリトーリオ）」から位置づけることで、私たちはその土地本来の意味をより深く理解することができる。そうした背景の理解は、その場所を根本的に見直す「再編」に繋がるだろう。

「歴史的空間再編」は、事物連関の再興を試みる野望に満ちた試み —— 塚本 由晴

今年で第8回を迎えた歴史的空間再編コンペティション。2011年の東日本大震災の年に始まったのは偶然なのだが、世の中の潮目が変わる時をつかんだような、何か運命的なものを感じている。私は東日本大震災後、復興支援で岩手、宮城、福島の沿岸部の漁村集落（浜）に通うようになり、そこで出会った人々（主に漁師）の暮らしに衝撃を受け、彼らの暮らしが作り上げていた見事な集落や風景が津波で失われたことに喪失感を覚えた。何がそこにあったのか想像しようと、民俗誌のような聞き書きの手法で、地域の資源、その利用方法、漁師の暮らし、祭り、季節に応じた生活のリズム、民家や集落の構成、意思決定の仕方などについての理解を深めるとともに、その総合をドローイングによって試みた。ドローイングに描かれたのは、近い将来の住宅地や港湾整備の希望も加えた、それぞれの浜に固有の事物の連関であり、その発展的再構築であった。その過程や提案の内容は、まさに「歴史的空間再編」と言えるものなのだが、実際にはなかなか思うようにはいかないものである。水際には6〜9mの防潮堤が築かれ、高台移転地には東京の郊外と変わらない大手メーカーによる住宅が一気に建ち並ぶことになった。これは確かに復興だが、数の復興であり、先に述べた事物連関は被災したままである。むしろ地域固有の事物連関は産業社会的な事物連関に置き換えられ、歴史的空間は再編されたとは言い難い。この数の上での復興は、近代以降の旺盛な生産力を行使するのに必要とされた「空間」という概念が、建築を計量可能性に結びつけたことと関係している。その当時の「空間」は、既存の事物連関から人々を解放し、不確定な未来に自らを投機する近代の心性や生き方の支えとなるものだったはずである。なぜなら家督を継げない次男、三男は、これまでの事物連関の中にいては自分を活かすことが出来ないから、外に出るしかない。その不確定な外を保証する何かが近代の生産力と結びついて「空間」が現れたのではないか。人権や、民主主義も、地域ごとに積み重ねられてきた事物連関（封建社会もひきずっていた）から自由な「空間」がなければ想像すら出来なかったであろう。つまり、事物連関の歴史と「空間」は元々鋭い対比をなす関係にある。「歴史的空間再編」はこの対比を含み込んで、事物連関の再興を試みる野望に満ちた試みなのだ。以上、今回の審査の前後に考えたことを、総評の代わりとしたい。

新しい捉え方や切り方で、まだまだ魅力的な作品が出てくる ── 宮下 智裕

今年度の歴史的空間再編コンペティションを通して強く感じられたのが、例年に比べ歴史的空間というテーマの捉え方のバリエーションがさらに増えたという点である。例えば、「鳥のいる日常」案では鳥と人とのつながりから生まれる空間を歴史的空間として捉えているが、これまであまり見られなかった着眼点で興味深かった。また「駿府の城」案では、城を復元するのではなく、そのシンボル性や存在意義から歴史的空間を再編しようとする試みがなされている。これまで城のコンバージョンなどの案は幾つか見られたが、城が復元できないからこそ何を作るか考えるというテーマ性は斬新であった。「相反する地表」案では、建築のみならずランドスケープまで対象を広げ歴史的空間の再編に向かっている点も興味深かった。さらに「傷のあとの建築」案や「町家第五世代」案では、町家の活用という枠を超え、歴史的文脈から新しい町家を生み出そうという意欲作が見られたことも非常に良かったと言える。

上位の3作品についてはどれも素晴らしく、どの作品がグランプリとなってもおかしくない完成度を持つ力作であったと考える。個人的には「水上ノ民、水辺ニ還リ、」案は詳細なリサーチからとても魅力的な水の民の現代的物語を生み出し、建築空間としている点は強く印象に残っている。見事グランプリに輝いた「なごり雪に涼む」案は、雪をテーマに地域固有の文化や風土を取り込んだ建築へと昇華させている点で秀逸であった。一方、「食寝再融合」案については団地のライフスタイル自体を歴史的空間と捉え、ダイナミックな造形で表現していた点はとてもインパクトがあったが、形態化する際のロジックがまだ荒削りな部分があり、さらに魅力的な作品になる可能性を感じたのでリベンジに期待したいところである。

これまで8回に渡って歴史的空間の再編という同一テーマでコンペを行っているが、新しい捉え方や切り方で、まだまだ魅力的な作品が出てくるという新たな可能性を感じさせてくれるコンペであった。

継承と更新の運動こそが、「歴コン」を歴史的なイベントにしていく ── 松田 達

例年以上に、大接戦となり盛り上がったファイナル審査でした。40選以後の審査も非常に難しいもので、かなり票が割れたところから、議論を進めて10選が決定しました。8年目を迎え、歴コンのレベルがますます高くなっていることを、改めて感じます。

最後に残った3案は、いずれもどれがグランプリとなってもおかしくない力作だったと思います。3位の「食寝再融合」は、食寝分離論が規定した団地計画に対し、人口減少時代に対応した計画の大転換を提案するもので、ベランダ側に縁側的空間を大きく増築し、また和室を共用部に転換するなどして、新しいコミュニティスペースを構築するものでした。従来の原則を変える大胆さ、模型の迫力などが実に魅力的でした。準グランプリの「水上ノ民、水辺ニ還リ、」は、中国広東地方のかつて水上の民が多く暮らした場所を、その記憶と生活風景を継承しつつ、宿泊施設・養殖場、市場、資料館・食堂という新しいプログラムによって再構成するものでした。失われた水上文化を、どのように継承していくかという問題に、真正面から取り組んだ作品であり、かつ上位3案のなかでは唯一1人で取り組んだ作品で（他はいずれも6人のチーム）、個人的には一番推していました。グランプリの「なごり雪に涼む」は、豪雪地帯として知られる秋田県横手市の雪捨て場に着目し、雪を天然の冷蔵庫として活用する雪室文化を接続させ、夏も冬も、雪捨て場を新しいコミュニティスペースとして用いていくものでした。雪の価値を転換させ、この場所でしか出来ない空間を提示する案で、模型の精度も素晴らしいと思いました。他にも、壊れていない模型とともに見たかった「駿府の城」や思弁的ダイアグラムで川越に提案を行う「拝啓○○様.」など、多数、興味深い作品がありました。

本年度は、トークセッションで「テリトーリオ」という概念が議論の焦点となっていました。まさにこの「テリトーリオ」という視点から見て、さらに重層的に見えてくるような作品が多くあったように思います。歴コンには毎年、新たな概念やキーワードが加わりますが、審査員側の視点も、年々アップデートされているということです。こうした継承と更新の運動こそが、「歴史的空間再編コンペティション」自体を歴史的なイベントにしていくのだと思います。今後の展開がますます楽しみでなりません。

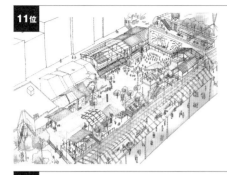

11位

「他所の市 此処の市」

KSGP19003 宮西 夏里武
信州大学 工学部 建築学科

江戸時代より商人と市民の会話が溢れる近江町市場。その裏側に広がる路地や屋上、店の奥に見られるコミュニティを歴史的価値ある景色と捉える。その市場裏口が現在観光客向けの大規模再開発の波に飲み込まれている。地元民のためにあり続けるという近江町市場の精神を引き継ぐ再開発の読み替えを行う。

12位

「宿場漁村における
　　伝統的な町屋の空間構造を用いた公共空間の提案」

KSGP19017 上林 誼也
京都工芸繊維大学大学院 工芸科学研究科 建築学専攻

周囲との関係が薄く独自のコミュニティを形成している集落には、その町独自の魅力的な資源が存在するため場所性を重視した公共の骨格を作ることが必要となっています。本設計では兵庫県たつの市室津を対象として、魅力的景観を継承し歴史的価値を尊重することと、現代の生活に合った機能性を重視することの二つの側面から建築の形態化を行い、その場所にしか生まれ得ない恒久的な公共空間のあり方を提案します。

12位

「名古屋 栄を照らす換気塔
　　　　　　──街路灯の装飾を受け継ぐ広場──」

KSGP19033 西垣 佑哉
京都市立芸術大学大学院 美術研究科 デザイン専攻

名古屋市栄にはクリスタル広場という、市民の待ち合わせ場所があったが、近年広場の改修に伴い、人が待つにはふさわしくない環境となった。そこでモニュメントと広場を兼ね備えた、待ち合わせ場所を新たに計画する。その場所は栄で特徴的な街路灯を集めたデザインで多くの人を引き込む場所である。

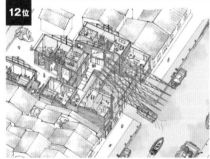

12位

「川辺に生きるまち」

KSGP19146 糸岡 未来
信州大学 工学部 建築学科

内川沿いはかつて地域の生業の場であった。現在は川沿いでの活動は衰退し、通りには町家が消失してできた空き地が見られるようになった。そこで本提案では、住民のための場であった内川と、現在観光地として生まれ変わろうとしている新たなニーズとをつなぐ新しい公共空間を町家の特徴から再構成する。

12位

「川は暮らしの中心に
　　　　　──湧水が関わる都市空間──」

KSGP19205 坂本 峻
横浜国立大学大学院 Y-GSA

三島は、富士山から約15年かけて雪解け水が湧き出すまち。水が豊富にあることから東海道の宿場町になり、暮らしが川を中心に展開されていた。川沿いには、住宅から商業施設まであり、川が街の骨格に成り得るが、街の都市化の影響で川との接点が皆無。川が中心となるように市民参加でまちを再編する。

16位

「ハナレとオモヤ」

KSGP19053 **高永 賢也** 大阪工業大学 工学部 建築学科

栢木 俊樹／朝永 詩織／青木 雅子／藤田 宏太郎／川合 俊樹
宮本 菜々子／宮田 明弘／山本 泰史／辻 智貴

本提案は、かつての離れと母屋で行われた暮らしの空間を歴史的空間と定義し、田舎の団地を地域のハナレととらえ、医療×住宅による医住近接の暮らしを提案する。田舎に存在する「思いやり」や「いたわり」といった考え方を通じた地域ぐるみの相互扶助により、団地はマキノ町の新たな拠点として再編する。

16位

「現れる漁景
──ダンチを核とした暮らし縁による隠居慣行の再考──」

KSGP19083 **板倉 知也** 愛知工業大学 工学部 建築学科

石川 竜暉／繁野 雅哉／若松 幹丸

長崎県壱岐島で発達し今もなお行われている血縁で慣行する「隠居」から、暮らし縁という新しい生活形態の「インキョ」を提案する。インキョでは血縁関係でない「個」で暮らす人々が生活を補い合いながら団地を核として暮らしを共にする。

16位

「ツクリ / ツムグ イエ
～生業の再編／生活圏共同体の再考～」

KSGP19139 **皆戸中 秀典**

愛知工業大学 工学部 建築学科

愛知県瀬戸市では、「ツクリテ」を核とした町の再生を官民一体となって行っている。地域に残る小さな文化をきっかけに町を再生することは、これからの社会を考える上で一つの解となり得るのではないか。地域再生促進の一つのきっかけとなるような個々の繋がりを育む、新しくもどこか懐かしい共同体風景を提案する。

19位

「染まる家」

KSGP19007 **田代 大賀**

秋田県立大学大学院 システム科学技術研究科 建築環境システム学専攻

私は、この2年間程で一宮市に存在する数十件のノコギリ屋根工場とその家族に出会ってきた。本提案は、その取り組みの中の一つである2連のノコギリ屋根工場と家族と向き合いながら、ノコギリ屋根が持つ、均質という無垢な空間が周辺環境の色に染まっていく住居の提案である。

19位

「はだしで歩けない ～人材が紡ぐ資源の再生～」

KSGP19112 **鈴木 輝**

千葉大学大学院 融合理工学府 地球環境科学専攻

どこからが地域住民か。「社会のレールからの脱線」は長年積み重ねてきた地域への関心の薄さから来るものなのではないか。自然学習の施設を提案することで、かつての生活を取り戻し「地域」と「人」の関係を模索する。「社会全体」から脱線してしまったと感じる人たちに「地域に所属すること」の価値を伝える建築を提案する。

作品紹介 —40選—

「おどり方舟」

KSGP19015
中林 顕斗
大阪市立大学大学院
工学研究科
都市系専攻

「悠久の町櫓
　　—歩道橋建築より生まれる都市のオートポイエーシス—」

KSGP19085
安原 大貴
立命館大学大学院
理工学研究科
環境都市専攻

「更新されるモトマチ
　　—基町アパートメント大学再編計画—」

KSGP19019
生田 海斗
京都工芸繊維大学大学院
工芸科学研究科
建築学専攻
———
吉本 大樹

「水清ければ、えん宿る」

KSGP19089
福西 直貴
大阪工業大学大学院
工学研究科
建築・都市デザイン工学専攻

「town chain 建物連鎖
　　—形態と営みの連鎖を生む日光門前の町並み再形成—」

KSGP19042
高橋 広野
宇都宮大学大学院
工学研究科
地球環境デザイン学専攻

「学道改新
　　—名古屋大学中央図書館・グリーンベルト再編計画—」

KSGP19102
渡邉 祐大
名古屋大学大学院
環境学研究科
都市環境学専攻
———
柴田 樹人

「包まれる忘れ物」

KSGP19050
高橋 遼太朗
日本大学大学院
理工学研究科
海洋建築工学専攻
———
金井 亮祐　三橋 一貴
山本 裕貴　石黒 花梨
上原 のどか
神林 慶彦

「スターハウス・パラレルワールド
　　—星型住棟の再編がもたらす ゆとりある街並み—」

KSGP19103
野田 明日香
大阪工業大学大学院
ロボティクス&デザイン工学
研究科 ロボティクス&デザ
イン工学専攻
———
中西 武　奥村 収一
上山 美奈

「播州の群塔」

KSGP19084
前原 凌平
高知工科大学大学院
工学研究科
基盤工学専攻

「ふたつの風景
　　—町の装いを魅せる駅—」

KSGP19122
藤田 漱
工学院大学大学院
工学研究科
建築学専攻

「無秩序が生む秩序」

KSGP19125
田島 佑一朗
東京理科大学大学院
工学研究科
建築学専攻

「湯屋がつなぐ暮らし
―湯治場建築の再編―」

KSGP19161
石川 雄大
工学院大学大学院
工学研究科
建築学専攻

「表裏一体
―堀川団地とまちをつなぐ境界の再編―」

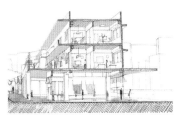

KSGP19132
石田 美優
大阪工業大学大学院
ロボティクス&デザイン工学
研究科 ロボティクス&デザ
イン工学専攻
― ― ―
阿部 海斗
御前 和真

「城下に芽吹くまちの種
―水路と人の暮らしの再考―」

KSGP19171
田中 大我
東京理科大学大学院
工学研究科
建築学専攻

「私と小鳥と種子と
―団地の余白をプランターにする―」

KSGP19133
竹内 宏輔
名古屋大学大学院
環境学研究科
都市環境学専攻
― ― ―
久保 元広

「最果てアーケードまち」

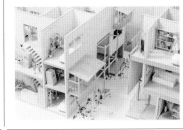

KSGP19201
若山 拓斗
金沢工業大学大学院
工学研究科
建築学専攻

「宇都宮感受散歩
―大谷石を体感するみち―」

KSGP19153
吉田 智裕
東京理科大学大学院
工学研究科
建築学専攻
― ― ―
勝山 滉太　大岡 彩佳
山崎 萌子

「らんたんの伸呼吸
～空と地面をつなぐ和紙～」

KSGP19203
堀内 那央
日本大学
生産工学部
建築工学科
― ― ―
小室 昂久
小又 海斗

「滲む境界
―混在的都市創出による都市更新の提案―」

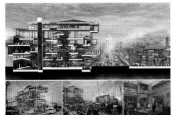

KSGP19156
川島 裕弘
大阪工業大学大学院
工学研究科
建築・都市デザイン工学専攻
― ― ―
藤田 宏太郎
鹿山 勇太

▶ 都道府県別応募件数

エントリー 198作品／本審査進出40作品

都道府県	エントリー作品数	本審査進出作品数
北海道	5	1
秋田	1	1
栃木	2	1
埼玉	7	1
東京	38	5
千葉	21	8
神奈川	17	
新潟	2	1
石川	15	4
長野	12	1
岐阜	2	
愛知	9	4
福井	1	
滋賀	3	
三重	2	
京都	12	4
大阪	19	4
奈良	2	
和歌山	1	
兵庫	9	2
島根	2	
広島	1	
愛媛	1	
高知	1	1
福岡	7	1
熊本	5	1
鹿児島	1	

▶ 応募者の所属高等教育機関

エリア	都道府県	大学院・大学・高等専門学校・専門学校
北海道	北海道	北海道大学／北海道大学大学院
		室蘭工業大学大学院
東　北	秋田県	秋田県立大学大学院
関　東	東京都	慶応義塾大学大学院
		工学院大学大学院
		芝浦工業大学大学院
		首都大学東京大学院
		東京大学／東京大学大学院
		東京藝術大学大学院
		東京都市大学大学院
		東京理科大学／東京理科大学大学院
		日本大学／日本大学大学院
		法政大学／法政大学大学院
		明治大学大学院
	千葉県	千葉大学／千葉大学大学院
		千葉工業大学大学院
	神奈川県	神奈川大学大学院
		横浜国立大学大学院
	栃木県	宇都宮大学大学院
		小山工業高等専門学校
中　部	長野県	信州大学／信州大学大学院
	新潟県	新潟大学／新潟大学大学院
	愛知県	愛知工業大学
		椙山女学園大学大学院
		名古屋大学大学院
		名古屋工業大学／名古屋工業大学大学院
		名古屋市立大学
	石川県	大原情報デザインアート専門学校金沢校
		金沢大学
		金沢工業大学／金沢工業大学大学院
	福井県	福井工業大学
関　西	大阪府	大阪工業大学／大阪工業大学大学院
		大阪市立大学大学院
		関西大学／関西大学大学院
		近畿大学／近畿大学大学院
		摂南大学大学院
	滋賀県	滋賀県立大学大学院
	京都府	京都大学大学院
		京都工芸繊維大学大学院
		京都市立芸術大学
		京都造形芸術大学大学院
		立命館大学／立命館大学大学院
	三重県	三重大学
	兵庫県	明石工業高等専門学校
		神戸大学大学院
		武庫川女子大学
中　国	島根県	島根大学／島根大学大学院
四　国	高知県	高知工科大学大学院
	愛媛県	愛媛大学大学院
九　州	福岡県	九州大学大学院
		九州工業大学
		九州産業大学
	熊本県	熊本大学／熊本大学大学院
	鹿児島県	鹿児島工学院専門学校

▶ **40選作品 対象敷地マップ**

[北海道]
北海道
● 小樽市

[関西]

滋賀県
● 高島市マキノ町

京都府
● 京都市上京区枡谷町西堀川通り
● 京都市伏見区中書島

大阪府
● 堺市堺区
● 吹田市万博記念公園
● 枚方市香里ケ丘香里団地

兵庫県
● たつの市室津
● 姫路市本町68番地

[中部]

長野県
● 飯山市
● 北佐久郡軽井沢町

富山県
● 射水市新湊地区内川沿い

石川県
● 金沢市
● 金沢市近江町市場
● 金沢市東山

[東北]

秋田県
● 湯沢市
● 横手市横手駅駅前

福島県
● 只見町只見駅

[関東]

栃木県
● 宇都宮市大谷地区
● 日光門前

埼玉県
● 川越市

東京都
● 渋谷区
● 墨田区京島

[中部]

静岡県
● 静岡市駿府城跡
● 沼津市
● 三島市

岐阜県
● 岐阜市神室町柳ケ瀬商店街
● 関ヶ原町
● 美濃市

愛知県
● 一宮市
● 春日井市高蔵寺ニュータウン
● 瀬戸市陶生町
● 名古屋市栄クリスタル広場
● 名古屋市千種区不老町／
　名古屋大学東山キャンパス

[四国]

徳島県
● 徳島市新町橋

[中国]

広島県
● 広島市基町

[九州]

福岡県
● 福岡市中央区福浜団地

佐賀県
● 佐賀市

長崎県
● 壱岐島勝本浦

[海外] **中国**
● 広州石基村

「歴コン」MAP

さまざまな敷地、歴史的空間が提案の対象となってきた「歴コン」。
それらを地図とともにまとめ、紹介する。

▶対象敷地統計マップ

歴史的空間のストックを再編し活用する「歴コン」は2019年大会で8回目を迎え、
これまで日本全国各地の建築や都市、時には行事などを対象に多様な提案がなされてきた。
ここでは2015年大会から2019年大会までの二次審査選出作品における敷地を都道府県別にまとめた。
提案が集積している地域がある一方で、広くさまざまな地域が対象となっていることがわかる。

※都道府県名や市町村名の後の●内は提案数。対象地域や建築の後の()内は応募のあった年

兵庫県 ❾

神戸市 ❸	長田区 (2016年、2018年)
	兵庫区東出町 (2018年)
姫路市 ❷	姫路モノレール跡 (2016年)
	本町68番地 (2019年)

ほか

大阪府 ㉕

大阪市 ⓰	中央区千日前 (2015年、2016年)
	中央区空堀地区 (2016年)
	中央区谷町中手上本町 (2016年)
	阿倍野区、西成区 (2015年)
吹田市 ❶	万博記念公園 (2019年)
八尾市 ❶	本町ファミリーロード商店街 (2015年)

ほか

滋賀県 ❼

近江八幡市 ❺	西の湖 (2016年、2017年、2018年)
	船木町 (2015年)
	安土町下豊浦 (2017年)

ほか

京都府 ㉒

京都市 ⓳	山ノ内浄水場跡地 (2015年、2016年)
	東山区宮川町弓矢町 (2017年、2018年)
	東山区清水茶わん坂 (2016年)
	伏見区伏見稲荷地域 (2017年)
宇治田原町 ❶	立川休耕地 (2018年)

ほか

市町村ランキング

都府県名	市町村	作品数
京都府	京都市	19
大阪府	大阪市	16
石川県	金沢市	15
東京都	千代田区	9
愛知県	名古屋市	7
東京都	世田谷区	5
新潟県	新潟市	5
滋賀県	近江八幡市	5
埼玉県	川越市	4
東京都	台東区	4
東京都	中央区	4
長野県	松本市	4
愛知県	瀬戸市	4
秋田県	大館市	3
東京都	文京区	3
兵庫県	神戸市	3

沖縄県 ❷

鳥取県

島根県

広島県 ❸

岡山県

山口県

香川県 ❶

佐賀県 ❷

愛媛県

徳島県 ❶

奈良県 ❺

三重県 ❸

長崎県 ❷

大分県 ❶

高知県

和歌山県 ❶

熊本県 ❸

宮崎県

鹿児島県

福岡県 ❺

福岡市 ❶	中央区福浜団地 (2019年)
北九州市 ❷	門司区清滝 (2015年)
	八幡西区折尾 (2017年)

ほか

石川県 ⑱

金沢市 ⑮	寺町（2015年、2016年）
	外惣構跡（2017年、2018年）
輪島市 ②	大沢町（2017年）
	海士町舳倉島（2018年）

ほか

岐阜県 ⑥

中津川市 ❶	加子母地区内木家（2017年）
羽島市 ❶	竹鼻町羽島市庁舎（2017年）
岐阜市 ❶	神室町柳ケ瀬商店街（2019年）

ほか

新潟県 ⑧

新潟市 ⑤	県営第一第二貯木場（2016年）
	白根町（2016年）
	亀田郷（2016年）
	古町新道（2017年）
	西区赤塚集落（2017年）
村上市 ❶	中継（2017年）

ほか

秋田県 ❼

大館市 ❸	大館城跡地（2015年）
	御成町2丁目商店街（2015年）
	大町商店街（2017年）
横手市 ❷	増田町（2018年）
	横手駅駅前（2019年）

ほか

埼玉県 ❺

川越市 ❹	札ノ辻交差点付近（2015年）
	元町一番街（2017年）
秩父市 ❶	番場町（2017年）

ほか

東京都 ㉟

千代田区 ❾	神田神保町（2015年、2016年）
	神田明神（2016年、2018年）
	秋葉原ラジオセンター （2015年）
台東区 ❹	浅草（2015年、2016年）
中央区 ❸	佃島（2017年）
	月島（2017年）
世田谷区 ❺	和田堀給水所（2016年）
	三軒茶屋十一番街商店会（2018年）
府中市 ❶	府中刑務所（2015年）

ほか

長野県 ⑪

松本市 ❹	浅間温泉（2015年、2016年）
	松本城（2016年）
	松本城二の丸外堀（2016年）
佐久市 ❶	養鯉場（2018年）

ほか

静岡県 ❺

| 静岡市 ❶ | 駿府城跡（2019年） |
| 浜松市 ❶ | 奥山軽便鉄道跡地（2016年） |

ほか

愛知県 ⑰

名古屋市 ❼	熱田神宮（2016年）
	中川運河と堀川を結ぶ松重閘門の周辺（2018年）
	名古屋大学東山キャンパス（2019年）
瀬戸市 ❹	仲洞町（2017年）
	旧山繁商店（2018年）
	陶生町（2019年）

ほか

北海道②
青森県
岩手県❶
山形県
宮城県❸
福島県❷
富山県②
福井県
群馬県❶
栃木県❸
茨城県❸
山梨県
神奈川県②
千葉県❺

海外を敷地にしたのはカンボジアのカンポンプロック村、中国の広州石基村の2作品

▶歴史的空間ガイド

SNOUレコメンド

「歴コン」ではこれまで、各出展作品により数多くの歴史的空間が取り上げられてきた。そこで、第1回から今回までの各大会の20選作品が対象とした、計139の歴史的空間を学生団体SNOUのメンバーが調査。そのなかから、歴史を今に伝える各地域の建築形式、材料、祭りなどが調査・記載されていることを基準とし、厳選した52の歴史的空間をエリアごとにまとめた。

［北海道・東北］

歴史的空間 港湾都市小樽に残る「石蔵」
対象敷地 北海道小樽市

小樽市は古くから北海道有数の港湾都市として発展してきた。江戸時代には松前藩の商場となり、昭和になってからは金融機関や船舶会社、商社などが進出し、海外との国際貿易港として栄えていった。そのため、小樽市には商品を保存するための多数の石蔵が存在する。昨今、店舗や美術館などへの転用や再生工事など、築百年が経とうとする小樽の石蔵の保存活動が行われている。

該当作品

歴コン2019 『石蔵の停留所 −木骨石造による軟石と木造軸組の活用システム−』

歴史的空間 在郷町の「内蔵」
対象敷地 秋田県横手市増田町

増田町は商家の連なる在郷町（商品生産の発展に伴って発展した小都市集落）で、江戸末期から明治初期にかけて多くの商人が移り住み、物資の集散地として賑わった。そこで商人たちは主屋の奥に鞘で囲った土蔵を建て、それを「内蔵（うちぐら）」と呼んだ。内蔵は通常では家族以外の立ち入りは制限されており、外からも見えないことから、家長やその子弟のみの施設として世間から隔絶された特別な空間であった。

該当作品

歴コン2018 『見えない奥に暮らす』

歴史的空間 雪を使った冷房施設「雪室」
対象敷地 秋田県横手市

横手市は日本屈指の豪雪地帯として知られ、積雪は最大3mにもなる。そのため雪と共存するために、「かまくら」文化が400年以上残ってきた。この地域では酒造も盛んであり、酒を保管するために昔から「雪室」と呼ばれる雪を利用した冷房施設が用いられてきた。この雪室は季節によって組立・解体される。また大量に雪が降ることから、「雪捨て場」を確保しなければいけないという問題も抱えている。

該当作品

歴コン2019 『なごり雪に涼む』

歴史的空間 アイヌ民族の「コタン」
対象敷地 北海道釧路市

釧路市は、自然豊かな阿寒湖や120人程度のアイヌの人々が暮らす道内最大のアイヌコタン（アイヌの集落）が存在し、伝統舞踊の演舞場や資料館などが置かれている。アイヌは北海道の先住民族で、独自の文化や伝統、言葉を持っていたが、今ではその数は減ってしまった。しかしアイヌ文化の振興に関する法律や再生工事などにより、再び文化伝承・保存活動が盛んになってきている。

該当作品

歴コン2014 『道以前の"みち"と方位の中の学び舎』

歴史的空間 芭蕉ゆかりの「山刀伐峠」
対象敷地 山形県尾花沢市・最上郡最上町

尾花沢市は山形県の北東に位置し、三方が山に囲まれている。そしてそれらを水源とした丹生川など、多くの河川に沿って盆地が形成されている。松尾芭蕉が「おくのほそ道」で旅した山刀伐峠があり、芭蕉は最大の難所と言われているこの峠を越え、尾花沢市へ向かった。現在、芭蕉が通った歴史の道は遊歩道として整備されており、二十七曲がりと言われるほど曲がりくねった山道で、その場の土の感触、におい、音を感じることができる。

該当作品

歴コン2013 『歴史の界層』

歴史的空間 石巻を築いてきた「中瀬」
対象敷地 宮城県石巻市

石巻市では、かつて北上川が海に流れ込む位置にあるため治水工事が行われ、土地改良と各川を合流させたことにより舟運ルートが作り出された。これに伴い造船産業が盛んとなり、その造船の土地として中瀬が利用され、中瀬は石巻における産業、文化の中心地となった。造船産業が縮小したのも跡地を活用した公園が建設され、現在でも震災からの復興の象徴として、石ノ森萬画館や岡田劇場などを中心として整備する計画が進められている。

該当作品

歴コン2012 『中瀬劇場』

［関東］

織物と霧のまち桐生
歴史的空間 織物と霧のまち桐生
対象敷地 群馬県桐生市桐生新町
重要伝統的建造物群保存地区

上毛かるたで「桐生は日本の機どころ」と詠まれるなど、桐生は日本を代表する機業都市である。奈良時代にはすでに朝廷へ「あしぎぬ（絹）」を献上したと記録されているなど歴史は古く、間口6～7間、奥行き約40間の長い敷地のなかで生産と居住が行われていた。この地割は現在でも残っており、重要伝統的建造物群保存地区に指定されている。また、「桐生」という地名は気流が関東平野の北端に位置し、上昇霧が発生しやすかったことが由来という説がある。

該当作品

歴コン2013 『艶道織街』
歴コン2014 『門前町の大きな家』

戦災の残る「旧日立航空機立川工場変電所」
歴史的空間 戦災の残る「旧日立航空機立川工場変電所」
対象敷地 東京都東大和市桜が丘
旧日立航空機立川工場変電所

旧日立航空機立川工場変電所の建築は、過去にこの桜が丘で経過してきた事象の唯一の手がかりである。また、過去にあった戦争の戦災建物として、おびただしい数の機銃掃射や爆弾の爆裂痕を残し、平和の大切さを後世へ伝える取り組みのために保存、公開されている。

該当作品

歴コン2016 『さくらがおか観測装置』

鎌倉への道「切通し」
歴史的空間 鎌倉への道「切通し」
対象敷地 神奈川県鎌倉市 極楽寺

極楽寺周辺の地は、東は鎌倉街地、西は湘南地域に挟まれた土地であり、交通の通過点となっている。源頼朝の鎌倉幕府創立により、鎌倉を始めとする関東一円が発展していくなかで、当時の鎌倉は完全に三方を山に囲まれた自然の要塞となっており、鎌倉中心部に入るには山を越えるか船を使うかのどちらかであった。そこで山を掘削し、「切通し」という道が作られた。

該当作品

歴コン2012 『道のつくる風景』

「稲田石」の採石場
歴史的空間 「稲田石」の採石場
対象敷地 茨城県笠間市 稲田採石場
（石切山脈）

石切山脈は、笠間市稲田を中心に東西8km、南北6kmにもわたる採掘現場であり、全国的にも有名な石で、多くの有名建築物に使用されている稲田石を採掘する場所である。稲田石は国会議事堂、最高裁判所、日本橋の橋桁、三越本店など、また全国の神社仏閣の境内の石畳などにも利用されている。石切山脈の白く美しい採掘現場の景観は、まるで壮大な石の屏風のようである。

該当作品

歴コン2018 『稲田石切山脈 ー採石場跡地の崖に建つ建築ー』

「コーガ石」と新島村
歴史的空間 「コーガ石」と新島村
対象敷地 東京都新島村

新島村は東京都の島嶼部に位置する村であり、伊豆諸島の新島と式根島の2島からなる村である。この島の火山石は黒雲母流紋岩というイタリアのシチリア島と新島にのみ産するもので、新島ではコーガ石と呼ばれる。コーガ石は水に浮き、耐火・耐震・耐酸性に優れるなどユニークな特性を持ち、その地層はろ過作用と吸水性に優れ、離島にあって豊富で塩分のないきれいな水源をもたらしている。また、新島ガラスはコーガ石を100%溶かして作られる世界で唯一の火山石ガラスである。

該当作品

歴コン2017 『深翠色の手継ぎ』

「水郷」のまち佐原
歴史的空間 「水郷」のまち佐原
対象敷地 千葉県香取市佐原
重要伝統的建造物群保存地区

佐原は利根川水運の中継基地として栄えた場所で、現在でも川沿いを中心に江戸情緒溢れる古い町並みが残っている。商家町として栄え、古くから"北総の小江戸"、"水郷"の町"と称された佐原は、1996年に関東地方で初めて重要伝統的建造物群保存地区に選定されている。2009年には平成百景、2018年には佐倉市（城下町）・成田市（門前町）・銚子市（港町）とともに日本遺産に認定された。

該当作品

歴コン2013 『まちなか こどもだむ』

古くから残る「寺町」
歴史的空間 古くから残る「寺町」
対象敷地 東京都台東区谷中地区

「寺町」と呼ばれる東京の谷中地区。ここは江戸城の鬼門に当たる場所のため、仏教の寺院が70もある古い下町。戦災や震災の影響が少なく、今なお旧来の古い町並みがあり、仏教関係の建造物が多数残されている。しかし、多く存在しているお寺はあまり注目されず、まちの雰囲気を作る役目でしかない。

該当作品

歴コン2013 『谷中街宿 ～街と宿坊の関わり～』

「和田堀給水所」
歴史的空間 「和田堀給水所」
対象敷地 東京都世田谷区

世田谷区にある和田堀給水所は、2つの貯水池からなり、井ノ頭通りという導水路を通して都市に水を供給している。「近代上水道の父」とも呼ばれる中島鋭治が設計した、古典主義的手法を用いたギリシャ神殿やコロシアムを思わせる建屋が特徴的で、周辺には豊かな緑があり、地域の緑の拠点として、貴重な既存の緑の保全が図られている。現在では、地中に埋められた水道管の老朽化や直下型地震の可能性などの問題が指摘されている。

該当作品

歴コン2016 『呼吸する遺産』

［中部］

歴史的空間 卯辰山寺院群
対象敷地 石川県金沢市 卯辰山麓
重要伝統的建造物群保存地区

卯辰山寺院群は、城下の防衛拠点としての軍事的役割や鬼門除け、当時勢力のあった浄土真宗寺院の監視などの目的で作られた。その後、2011年11月に重要伝統的建造物群保存地区に選定された。この寺院群では、政治的意向による寺院の集積、この集積による街区割りのずれ、山陰地形の変化によって見られる独特な風景など、現代では見られない独特な空間が形成されている。

該当作品

歴コン2018 『風景としての建築 ～重要伝統的建築物群保存地区における歴史的価値継承のための設計試行～』

歴史的空間 「寺町」の寺院
対象敷地 石川県金沢市寺町
重要伝統的建造物群保存地区

金沢市寺町は金沢城の南西、犀川を越えた高台に位置し、道路沿いに寺院が集積しているのが特徴である。金沢三寺院群の一つであり、国の重要伝統的建造物群保存地区にも選定されている。しかし、現状では人口減少によりそれらの寺院の多くは地域的な基盤を失いつつあり、また空き家の増加などの問題があるのも事実である。

該当作品

歴コン2012 『Temple-Scape ―寺院を触媒とした地縁社会モデルの提案―』

歴史的空間 金沢の「広見」
対象敷地 石川県金沢市
横山町／寺町／柿木畠

「広見」とは一種の広場で、街路の交差点部分が小広場のように広がっている辻に設けられた、金沢独特の街路空間である。もともとは火災に備え、類焼を防止する目的で設けられたもので、いわゆる火除け地であったものと思われる。機能としては火除けの他に、人や物の流動する空間であり、祭りの行列が通る舞台であり、武家地では軍事における集合地点であり、町地では今風に言うとコミュニティ空間であった。

該当作品

歴コン2016 『広見再色』

歴史的空間 大沢集落と「間垣」
対象敷地 石川県輪島市大沢町

能登半島輪島市大沢町の大沢集落は昔から、海からの強い季節風から家々を守るために、竹を組んで作られた「間垣」と呼ばれる垣根で集落が囲まれている。間垣は、ニガタケという細い竹を縦に差して組まれており、夏は適度な日陰をつくり、冬は冷たい強風を防ぐとても機能的なものである。また潮風や竹の性質上、毎年11月に間垣の竹は取り替えられる。

該当作品

歴コン2017 『間垣建竹』

歴史的空間 「加賀友禅」とともに栄えた
工場建築
対象敷地 石川県加賀市

金沢は伝統文化が多く存在している。加賀友禅もその一つである。しかし、時代が進むにつれ伝統産業の環境が悪化していった。一方で加賀友禅の需要は増加した。そこで生産性を上げるために工場団地を1920年に設けた。そこでは豊富な資源を得ることができるなど、そこを起点に道路が整備され、他の工場ができ、住宅も建てられた。そして技術者だけの特別な空間となり、周囲とかけ離れた状況となっていた。

該当作品

歴コン2014 『団地化された伝統の逸話 ～受け継がれる加賀友禅の風景～』

歴史的空間 白米町の「棚田」
対象敷地 石川県輪島市白米町

輪島市白米町には白米千枚田という千枚を超える典型的な棚田景観が広がる。白米の集落が記録上確認できるのは、17世紀以降のことである。1684年の大規模な地すべりで水田の大半が失われたが、明治期になって再開拓され、現在の形状に近づいていったとされる。2011年には世界農業遺産に認定された。

該当作品

歴コン2013 『晩環照歌』

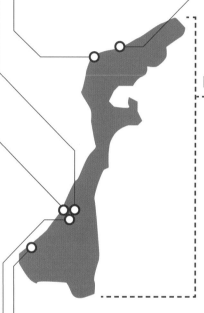

［石川県］

歴史的空間 「東濃ひのき」と加子母地区
対象敷地 岐阜県中津川市加子母地区
内木家

加子母地区は、緑豊かな山とともに生きるまちである。特に林業が盛んで、加子母で生産される質の良いひのきは「東濃ひのき」と呼ばれ重宝されている。加子母を象徴する木造建築の一つが「明治座」と呼ばれる歌舞伎小屋で、年代を超え、住民全員でまちの文化を作り上げている。生活に不自由はあるが、伝統を守り、新たな文化が花開く、まちの人の温かさを感じられる地域である。

該当作品

歴コン2017 『加子母山守資料館 ～内木家が紡いだ山村風景の再編～』

歴史的空間 「宮の渡し」と「桑名の渡し」
対象敷地 愛知県名古屋市 宮の渡し／
三重県桑名市 桑名の渡し

東海道で最大級の旅籠屋数を誇る渡船場であった宮宿（愛知県名古屋市熱田区）と桑名宿（三重県桑名市）の間は、東海道唯一の海上路として結ばれていた。「宮の渡し」、「桑名の渡し」と呼ばれ、交通の要所であった宮宿周辺は大名の移動だけでなく、伊勢神宮や熱田神宮などを訪れる一般人にも利用されたため、さまざまな人と物資が行き交う観光地として発展した。また桑名宿周辺は漁業が盛んであり、ハマグリ漁が有名な漁村として栄えた。

該当作品

歴コン2014 『輪廻する渡し』

歴史的空間 「湯組」でつながる浅間温泉街
対象敷地 長野県松本市 浅間温泉

松本市の浅間温泉には、「湯組」という外湯による住民のつながりが今も続いており、その場所も現在13ヶ所存在している。しかし、温泉離れや後継者不足などによって賑わいが欠けている点が課題となっている。江戸時代に松本城の城主となった石川数正とその家臣が浅間温泉に別荘を設けたことにより、温泉街が形成された。

該当作品

歴コン2015　『湯仲間』
歴コン2016　『ハレの湯』

歴史的空間 「佐久鯉」と暮らす佐久市
対象敷地 長野県佐久市

佐久市は、「佐久鯉」と呼ばれる歴史的・文化的に価値の高い養鯉が行われている地域である。養鯉を行う地域のなかで最も標高が高い立地であり、寒暖差の激しい気候を活かして3年間の月日を費やし、佐久独自の養鯉が行われてきた。古来より「鯉」とともに暮らしを築いてきたこのまちには、養鯉に使われた「池」や複雑に入り組む水路が今なお残っている。

該当作品

歴コン2018　『鯉巡る町』

歴史的空間 花街と呼ばれる「古町」
対象敷地 新潟県新潟市古町新通

古町は、古町通を中心としたまちの呼び名で、海と川に囲まれ扇のような形をした信濃川左岸の「新潟島」のなかにある。花街を抱えていたため、芸妓や飲食店などが裏通りに面し、おもてなしの中心的役割を担ってきた場所である。一方で、地域の衰退により、建物の数が減少し、一部がシャッター街のようになっている一面もある。

該当作品

歴コン2017　『都市の横顔 −露出立面による空地の再編集−』

歴史的空間 富士山の登山道
対象敷地 静岡県／山梨県 富士山

富士山は、10万年前から噴火や土石流などを繰り返し、現在の姿に至った。2013年6月に世界文化遺産に登録された。登山道の一つである富士宮登山道は出ナ浦を起点とするものだったが、今では五合目から山頂までが登山道とされている。そのため、室町時代の富士登山が麓から山頂までひとつながりだったが、現在は麓、五合目、山頂の関係が崩れてしまっている。

該当作品

歴コン2014　『積石の風景 −村山修験道のみちしるべ−』

歴史的空間 「流木」と千本浜
対象敷地 静岡県沼津市

沼津市の千本浜は、駿河湾の湾奥、沼津港の脇から富士市の富士川河口までの約19kmにわたる。富士海岸の東端域に千本松を防潮・防風のため農民が植えたと伝えられるため、千本浜と呼ばれる。この海岸には流木が多く流れ着き、かつては流木の活用において地域住民の交流が盛んであった。

該当作品

歴コン2019　『はだしで歩けない』

歴史的空間 熱田神宮
対象敷地 愛知県名古屋市熱田区 熱田神宮

名古屋市熱田区にある熱田神宮は格式の高い神社として有名である。しかし、歴史性があることはあまり知られていない。熱田神宮の歴史性は、7つの歴史的構造物、宝物殿といったものや、旧参道といったところに現れているが、その歴史的価値は伝わっておらず、熱田神宮は格式の高い神社というだけでなく、歴史性も付加し伝承していく必要がある。

該当作品

歴コン2016　『歴史参詣熱田宮之道 −歴史を伝承する建築的空間を付加した神社の再編−』

歴史的空間 亀崎地区の「セコ道」
対象敷地 愛知県半田市亀崎地区

2016年にユネスコの無形文化遺産に登録された「亀崎潮干祭」で知られている半田市亀崎地区は、三河湾北部の港町で、東側を海に、北西側を山に囲まれている。セコ道と呼ばれる車が通ることのできないほど狭い道は、わずかな平地や丘陵地に人々が寄り集まることで高密度に建つ家屋の間を抜けるように存在し、戦国時代より時代とともに形を変えてきた。

該当作品

歴コン2018　『三軒セコ長屋』

歴史的空間 「瀬戸物」と瀬戸市
対象敷地 愛知県瀬戸市

瀬戸市は日本六古窯の一つで、瀬戸焼の生産地として知られる。10世紀頃から焼き物作りが始まり、江戸時代には尾張藩の直轄領となり、瀬戸で産する陶器製造は藩の独占産業となった。市内に点在する鉱山で原料となる粘土・珪砂が産出される。また、窯道具の廃材、住居を建てるための平地を作る造成の材料として使用され、赤津瓦の集中地区、窯垣、窯、煙突などの歴史的な景観を持つ。

該当作品

歴コン2016　『窯の環 −瀬戸のまちで学べること−』
歴コン2019　『ツクリ／ツムグ イエ』

▶ 歴史的空間ガイド **SNOU レコメンド**

［関西］

歴史的空間 「酒造」のふるさと宍粟
対象敷地 兵庫県宍粟市山崎町西町地区

宍粟市は「発酵のふるさと」と言われており、日本酒発祥の地である所以が「播磨国風土記」に記録されていることや、宍粟に息づく発酵の文化や伝統を「人」が現在に受け継いできたことから、そう呼ばれるようになった。現在も豊かな自然や清流に育まれ受け継がれる職人の技が、宍粟の日本酒文化を発展させ続けている。

該当作品

歴コン2015 『美酒かをる、さかぐらのまち』

歴史的空間 水都大阪を支える「弁天抽水所」
対象敷地 大阪府大阪市中央区

大阪市中央区に位置する弁天抽水所は、水都大阪を地下から支えている。大阪市の東部地域は地盤が低く、雨水排水が困難であったため、明治の終わりごろから下水道工事が始められた。その後、1972年の連続した集中豪雨の影響による浸水被害への対処として、天王寺〜弁天幹線に集められた雨水を大川（旧淀川）へ配水するポンプ場が建てられた。天王寺〜弁天幹線が、最深部で地下30mにもなっているため、大部分が地下構造となっている。

該当作品

歴コン2014 『抽水所と美術館 −インフラと共存する美術館の提案−』

歴史的空間 復興した「道頓堀五座」
対象敷地 大阪府大阪市中央区
心斎橋道頓堀沿い

過去の道頓堀は、「道頓堀五座」「五つ櫓」と呼ばれる劇場群が立ち並ぶ上方演劇文化の中心地であった。それらは時代の流れのなかで緩やかに衰退し、「道頓堀五座」は戦火によって失われた。その後、大阪人の心の拠り所としてそれら劇場は復興し、漫才などの芸能のまちとして道頓堀は再生した。しかし現在では、かつて河原や境内で行われた演劇は閉じた劇場へと押し込められ、他地域からの商店や文化の流入によって、混沌としたまちとなりつつある。

該当作品

歴コン2017 『浪花道中街舞台』

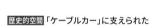

歴史的空間 「ケーブルカー」に支えられた生駒
対象敷地 奈良県生駒市

生駒市は、古代・中世には山間の寒村に過ぎなかったが、生駒山地は山岳修行の場として開かれていった。その後、江戸時代に創建された生駒聖天・宝山寺の門前町として発展した。平地が少ないために傾斜地も住宅地として開発され、一般的には観光用として敷設されるケーブルカーが通勤・生活路線としても機能している。しかし、車の普及によりケーブルカーの利用客は減っており、廃線の危機に立たされている。

該当作品

歴コン2013 『竹馬のつむぐ郷 −ケーブルカーと生きる街−』

歴史的空間 伊勢に残る「世古」
対象敷地 三重県伊勢市河崎地区

伊勢市河崎地区は伊勢川を中心とした「河辺の里」と呼ばれるまちであり、環濠を中心とした伊勢商人の問屋街として発展してきた。長享年間に開発された河崎の町割りは、「世古」によって構成されていた。「世古」は伊勢地域における小路の呼び名であり、暮らしの道、あるいは子どもたちの遊び場として町々に残されている。

該当作品

歴コン2012 『世古から始まる物語』

歴史的空間 「ヨシ」の育つ安土
対象敷地 滋賀県近江八幡市安土

近江八幡市安土町下豊浦にある西の湖に面したところには、ヨシ原、田んぼ、集落、里山といった日本の原風景と言える場所が広がる。風景を妨げるものが少ないため、遠景の風景まで見渡すことができるのが魅力である。敷地内が棚田のような地形になっているので、より遠くまで風景を見渡すことが可能で、季節により琵琶湖の対岸の山々まで望むことができる。

該当作品

歴コン2017 『水郷の古 −よみがえる原風景−』

歴史的空間 伊根町伊根浦
対象敷地 京都府与謝郡伊根町
重要伝統的建造物群保存地区

伊根町には主な産業として漁業と観光業があり、漁業を支えてきた舟屋の町並みは重要伝統的建造物群保存地区として後世に受け継がれている。一方で、町並みの保存形式が観光地化するきっかけとなり、近年では観光業が基幹産業となりつつある。かつての漁業での発展を、現在の観光業に加えた新たな方法で提案することが長期的な視点では必要となってくる。

該当作品

歴コン2012 『進化する保存建築』

歴史的空間 「赤煉瓦」が多く残る舞鶴
対象敷地 京都府舞鶴市

舞鶴市には今も数多くの赤煉瓦建築物が残っている。かつて海軍の基地があったため、その名残で赤煉瓦倉庫が点在しており、まちの特徴となっている。昨今ではそれらを観光の目玉とし、地域や行政が一体となって発展に尽力している。赤煉瓦倉庫の利活用や煉瓦窯の再興など、過去を今に呼び戻す取り組みに注目が集まっている。

該当作品

歴コン2014 『輪の継承 －神崎ホフマン式輪窯と砂州空間の再編－』

[京都府]

歴史的空間 「防空壕」の残る茶わん坂
対象敷地 京都府京都市東山区
清水茶わん坂

茶わん坂は東山にある清水焼発祥の地であり、東大路通りから清水寺への参道を茶わん坂と呼ぶ。この地をはじめとした京都市内の地域には、第二次世界大戦の際に利用された「家庭用防空壕」が残っている。東山・馬町空襲や西陣空襲など幾度と空襲があり、大きな被害が出たため、多くの家庭で床下や空き地に防空壕が作られた。ひっそりと床下に眠るそれらは現在では触れられることがなく、戦争当時の記憶を残したまままちに点在している。

該当作品

歴史コン2016 『防空壕の遺るまち』

歴史的空間 山ノ内浄水場跡地
対象敷地 京都府京都市 山ノ内浄水場跡地

1966年に完成した山ノ内浄水場は2013年の廃止までの長きにわたり、京都市内西部地域に水道水を供給していた。京都市全体の給水区域の見直しなどにより廃止された。廃止後は京都市により跡地活用の公募を実施。北側用地と南側用地に分けて、それぞれに事業者が決定されて活用がなされている。市内では歴史的建築物と称される建築物が相次いで取り壊しとなっており、新しい都市開発の方針がうかがえる。

該当作品

歴コン2014 『Image of Reminiscence －山ノ内浄水場跡地計画－』
歴コン2015 『壊してつなぐ風景 －山ノ内浄水場の解体プロセスの提案－』

歴史的空間 「納涼床」と先斗町
対象敷地 京都府京都市中京区梅ノ木

京都五花街の一つである先斗町（ぽんとちょう）。三条通の一筋南から四条通まで鴨川に沿った南北の細長い通りである。料亭、お茶屋さん、居酒屋が高密度に建ち並び、細く入り組んだ路地を複雑に形成する。近世から明治時代まで両岸に芝居小屋や遊郭地、飲食店が建ち並び、川の真ん中まで納涼床が展開され河川空間全体が広場化していた。しかし、現在では水害によって堤防が築かれ、賑わいが制限されてしまっている。

該当作品

歴コン2017 『先斗町大橋 －Pont des PONTO－』

歴史的空間 古老柿と「柿屋」
対象敷地 京都府綴喜郡宇治田原町
立川休耕地

古老柿づくりは、古くは江戸時代の「御茶壺道中」で運搬された宇治茶の防虫剤として受け継がれてきた。しかし現在、古老柿づくりの作業者の減少という問題がヒアリングで明らかになった。柿屋と古老柿の製法を失うことは、宇治田原の魅力的な風景や特産物といった、まちの資源を損失することに等しい。よって、この古老柿づくりを若い世代へと伝える仕組みが必要である。

該当作品

歴コン2018 『くうねる柿屋にほす柿屋』

［中国・四国］

歴史的空間 「呉軍港」として開発された愛宕
対象敷地 広島県呉市愛宕地区

呉市の愛宕地区は、明治以降世界有数の規模を誇る軍港として栄え、呉軍港のために急速に開発された斜面住宅地である。当時、呉の数少ない平野部は軍施設に利用されていたが、軍関係者の転入が進み、土地が斜面地へと求められることとなった。現在は、造船や機械などの工業が盛んに行われており、自然豊かな瀬戸内海やロマン溢れる歴史や文化など、地域の特色を活かしたまちづくりに取り組んでいる。

該当作品

歴コン2014 『甦るいのちの線路（みち）』

歴史的空間 鳥取県のシンボル「鳥取砂丘」
対象敷地 鳥取県鳥取市福部町

鳥取市福部町には、鳥取県のシンボルである鳥取砂丘が広がっている。鳥取砂丘は、1955年に海岸砂丘として世界的に見ても大きな起伏を持つこと、風紋・砂簾・砂柱、ハマゴウなど砂丘独特の地形、植物群落を有することなど、学術的に貴重であることが評価され国の天然記念物に指定された。気の遠くなるような年月を経て自然により作り出された、砂丘の構造がよくわかる貴重な砂丘である。

該当作品

歴コン2013 『周遊する舞台 ―鳥取砂丘をめぐる旅―』

歴史的空間 文化を広げる「お遍路道」
対象敷地 四国 遍路道

四国のお遍路は1200年以上の歴史を持っている。都から遠く離れた四国は、かつて辺地と呼ばれ平安時代頃には修験者の修行道であり、空海が入定後、修行僧らが大師の足跡を辿って遍歴の旅を始めたことが四国遍歴の原型とされている。巡礼箇所は当初は今よりも数が少なかったが、空海ゆかりの地が増えていき八十八箇所となった。また巡礼の順番は決まっておらず、人が自由に行き来することでさまざまな文化が四国各地へと伝わっていった。

該当作品

歴コン2013『新 四国遍路道指南』

歴史的空間 かつて「ため池」が広がった支度町
対象敷地 香川県さぬき市志度（旧・志度町）

香川県は地中海性気候により雨が少なく、大きな川もないため、稲作などの農業を支えるために昔から多くのため池が作られてきた。志度の北側は瀬戸内海に臨み、公共施設や工場、住宅地が広がる。南側は田園風景が広がっており、この原風景は多くのため池により形成されてきた。しかし近年ではダムの建設によって水路が確保できたことや、米の消費量が減少し水田の数が減ったことなどにより、15年間で119ものため池が姿を消した。

該当作品

歴コン2013 『ため池と生きる街』

［九州・海外］

歴史的空間 「唐津くんち」を中心とする唐津市
対象敷地 佐賀県唐津市

唐津市は佐賀県の北西に位置し、玄界灘に面している。中心市街地は唐津藩の城下町が前身で、唐津くんちや虹の松原、唐津焼で有名である。また海上交通の拠点であり、古代から大陸方面の海上交通の拠点となった。唐津くんちは唐津神社の秋季例大祭で、毎年11月2、3、4日に開催される唐津最大の行事である。乾漆で製作された巨大な曳山が唐津市内の旧城下町を巡行する。2015年にはユネスコ無形文化遺産にも登録された

該当作品

歴コン2015 『継承するまちの風景』

歴史的空間 佐賀平野に張り巡らされた「クリーク」
対象敷地 佐賀県佐賀市

佐賀市は有明海から脊振山地までを縦断する市域を有し、市街地は佐賀平野の中心付近に位置する。この地はクリークと呼ばれる用水路が張り巡らされ、かつては用水源、排水路、貯水池、調整池など多くの機能としても用いられた。また有明海の干満差を利用した「淡水（アオ）取水」により、河川水を用水として利用していた。

該当作品

歴コン2019 『歩車分離、歩水融合』

歴史的空間 長崎の「坂道」
対象敷地 長崎県長崎市

長崎市はすり鉢状の地形から特異な斜面都市を形成している。昭和期の人口増加に伴い、切妻屋根の群集が斜面を覆うように広がっていった。しかし車道が通らない坂道が多いため、長崎市は斜面市街地整備事業に基づいて、道路拡幅整備や斜行エレベーター、空き家除去事業などの政策を試みている。

該当作品

歴コン2013 『時間の地層』

歴史的空間 「雁木段」による玄界島の集落
対象敷地 福岡県福岡市西区 玄界島

玄界島は、福岡市西区にある島で、漁業を生業とした生活が営まれている自然豊かな島である。かつては雁木段の集落が構成されて、隣接民家によって島民たちのコミュニケーションの場が構成されていたが、2005年の福岡市西方沖地震により家屋の約7割が全半壊するなど多大な被害を受けた。しかし2008年に復興事業が完了し、エレベーター設置などさまざまな計画が行われ、約3年間で新しい玄界島へと生まれ変わった。

該当作品

歴コン2012 『雁木段の欠片』

歴史的空間 豊後森機関庫
対象敷地 大分県玖珠郡玖珠町
豊後森機関庫

玖珠郡玖珠町は大分県の中西部に位置するまちで、蒸気機関車が使われていた時代には九州の物流の拠点であり、活気に満ちていた。またまちにはさまざまな物語があり、日本を代表する児童文学者・久留島武彦の出身地であることから「童話の里」の異名を持ち、毎年5月4〜5日に日本童話祭が行われている。豊後森機関庫は1971年に廃止された。2009年に機関庫及び転車台として近代化産業遺産に認定され、2012年に国の登録有形文化財に登録された。

該当作品

歴コン2016 『機の律動、知の集積 〜豊後森機関庫再生計画〜』

歴史的空間 「蛋民」の歴史が残る広州
対象敷地 中華人民共和国
広東省 広州石基村

中国の広州石基村では以前、蛋民と呼ばれる水上で生活していた水の民が暮らしていた。蛋民は陸に土地を持たず、主に船を家とし、水上で漁業、水運、商業などの生業を営んでいた。岸辺に「棚屋」や「茅寮」と呼ばれる、簡単な水上家屋を築いて住むこともあった。しかし20世紀後半の社会基盤の整備とともに、多くの水上生活者が陸上生活に移行した。また陸上がりにより使われなくなった船や棚屋も多く残っている。

該当作品

歴コン2019 『水上ノ民、水辺ニ還リ』

◻ 歴史的空間再編学生コンペ実行委員会

実行委員長	宮下 智裕	（金沢工業大学 准教授）
副実行委員長	熊澤 栄二	（石川工業高等専門学校 教授）
委　員	山越 衛	（金沢科学技術大学校 建築学科長）
	馬場先 恵子	（金沢学院大学 教授）
	丸山 大樹	（学生団体SNOU 代表／金沢工業大学）
監　事	長谷 進一	（金沢市 市民局長）
名誉顧問	水野 一郎	（金沢工業大学 教育支援機構 顧問）
顧問アドバイザー	坂本 英之	（金沢美術工芸大学 名誉教授）
	塚本 由晴	（東京工業大学大学院 教授）
	松田 達	（静岡文化芸術大学 准教授）

◻ 学生団体ＳＮＯＵ

— Student Network Originated at Hokuriku Union —

　北陸から発信する、"繋がりを深化させる学生団体"という理念のもと、2012年に金沢で開催された歴史的空間再編コンペティションと共に生まれ、今年で8年目を迎えます。北陸地方で建築・デザインを学ぶ学生が集い57名により結成されており、コンペティションを通して北陸の魅力、そしてその繋がりを全国に発信しています。

　SNOUは、しんしんと降り積もる雪のように着実に経験を積み重ねることや、あらゆる人々が集まることで大きな力を生み出そう、という意味も込められています。

　このようにさまざまな想いが込められ生まれたSNOUにより、学生たちの重なり合う想いが多くの人々に伝わっていくことを期待しています。

代　　表	丸山 大樹	（金沢工業大学）
運営代表	利根川 瞬	（金沢工業大学）
manager リーダー	高木 慎太郎	（金沢工業大学）
planner リーダー	安田 郁人	（金沢工業大学）
designer リーダー	森山 怜恵	（金沢工業大学）

アーカイブ編集委員

リーダー
森山 怜恵（金沢工業大学）　　　　高山 未央（金沢工業大学）

新開 芽生音（金沢工業大学）　　　森 亮太（金沢工業大学）

登坂 志帆（金沢工業大学）　　　　堤 隆太朗（金沢工業大学）

岩見 理奈（金沢科学技術大学校）　狭場 悠（金沢工業大学）

小林 真琴（金沢工業大学）

□「学生のまち・金沢」の推進と金沢まちづくり学生会議

金沢まちづくり学生会議

　金沢市では、学生の創造的で自主的な活動を支援することにより、金沢のまちに、にぎわいと活力が創出されるように、平成22年に「学生のまち推進条例（略称）」を制定しました。

　この条例により組織された「金沢まちづくり学生会議」は、金沢市内及び近郊の学生で構成され、学生ならではのアイデアとエネルギーを活かして金沢市と協働で創造的なまちづくり活動に取り組んでいます。

　毎年4月には新入生に金沢のまちの魅力を知ってもらうことを目的とした「OPEN CITY in KANAZAWA」を、9月には金沢学生のまち市民交流館の近隣商店街と連携した「まちなか学生まつり」を開催するなど、学生と地域を繋げるプラットフォームの役割を果たしています。「まちづくりがしたい」「あたらしいことがしたい」「つながりをひろげたい」と思っている学生はぜひ、ご参加ください。

問い合わせ	〒920-8577　石川県金沢市広坂1-1-1 金沢市役所 市民協働推進課 TEL： (076) 220-2026 FAX： (076) 260-1178 e-mail： kyoudou@city.kanazawa.lg.jp

□ 金沢学生のまち市民交流館

金沢学生のまち市民交流館

　金沢学生のまち市民交流館は、まちなかにおける学生と市民との交流の場、まちづくり活動に関する情報交換の場などとしてご利用いただくことを目的に、平成24年9月に片町に開館しました。

　この施設は、金沢市指定保存建造物である大正時代の金澤町家を改修した「学生の家」と旧料亭大広間の部材を用いて新築した「交流ホール」から成ります。

[学生が自らアイデアを生み出し、
　発信・実現するためのプロジェクト基地！]

○コーディネーターがさまざまな活動の相談に乗ってくれます。
○多くの交流が生まれる開放的なサロンスペースがあります。
○会議、イベントなど幅広い活動の場として利用できます。
○学生団体の利用は無料です。

問い合わせ	〒920-0981 石川県金沢市片町2-5-17 金沢学生のまち市民交流館 TEL： (076) 255-0162 FAX： (076) 255-0164 e-mail： shiminkouryukan@city.kanazawa.lg.jp

協 賛 企 業

「歴史的空間再編コンペティション2019」にご協賛いただいた企業・団体をご紹介します。

[特別協賛]

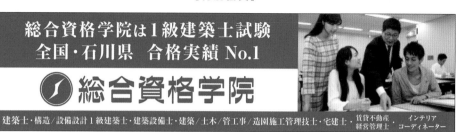

[協 賛]

  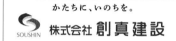

  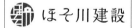 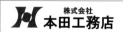

アルスホーム(株)／(一社)石川県建築士会／(一社)石川県建築士事務所協会／

(株)浦建築研究所／(株)五井建築研究所／(株)トイットデザイン／中村住宅開発(株)／

(公社)日本建築家協会北陸支部／(株)ハヤシ創建／(株)ひまわりほーむ／松井建設(株)／ヨシダ宣伝(株)

未来の自然を考える

http://www.kokudonet.co.jp

株式
会社 国土開発センター

本社 / 金沢市寺町三丁目9番41号

代表取締役社長　新家　久司

TEL:076-247-5080/FAX:076-247-5090

かたちに、
いのちを。

株式会社 創真建設

SOUSHIN

株式会社 **長坂組**

本　　　社／金沢市笠舞2丁目28番16号
　　　　　　TEL076-262-7314
　　　　　　FAX076-262-7316
資材センター／TEL076-248-3618

http://www.nagasakagumi.co.jp/　e-mail:mail@nagasakagumi.co.jp
Facebookページ : https://www.facebook.com/nagasakagumi

エコアクション21
認証番号0000134

GREEN PRINTING JFPI
B10101
本工場は、環境に配慮
したGP認定工場です。

～ はじまりはいつもココから ～
（Color）

株式会社 橋本清文堂

〒920-0059 金沢市示野町南51 Tel.076-266-0555 Fax.076-266-0880

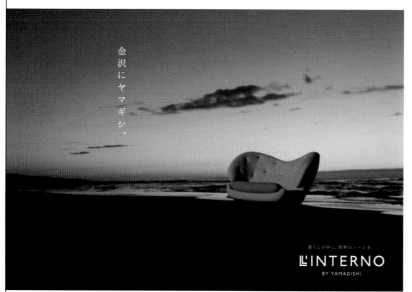

暮らしの中に、世界のシーンを。

L'INTERNO
BY YAMAGISHI.

金沢にヤマギシ。

総合資格学院は歴史的空間再編コンペティション2019
第8回「学生のまち・金沢」設計グランプリを応援しています。

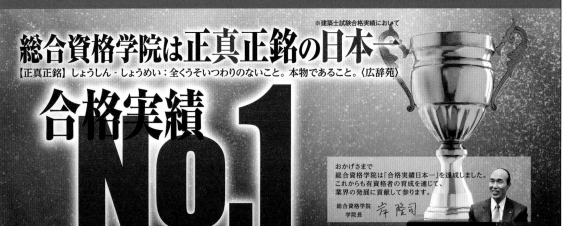

総合資格学院は正真正銘の日本一 ※建築士試験合格実績において

【正真正銘】しょうしん・しょうめい：全くうそいつわりのないこと。本物であること。〈広辞苑〉

合格実績 NO.1

おかげさまで
総合資格学院は「合格実績日本一」を達成しました。
これからも有資格者の育成を通じて、
業界の発展に貢献して参ります。

総合資格学院
学院長 岸 隆司

【重要】当学院の「日本一」の表記は民間の調査機関等による特定の方を対象とした調査によるものではありません。 ※（公財）建築技術教育普及センター発表の数値に基づく当学院調べ

総合資格学院は石川県も全国も合格実績No.1

2019年度 1級建築士 学科＋設計製図試験

ストレート合格者占有率

64.6%

全国ストレート合格者のおよそ3人に2人は当学院当年度受講生！

全国ストレート合格者1,696名中／
当学院当年度受講生1,095名（2020年2月5日現在）

2019年度 1級建築士 設計製図試験

石川県 合格者占有率

60.0%

石川県合格者の6割は当学院の当年度受講生！

石川県合格者30名中／
当学院当年度受講生18名（2020年2月5日現在）

2019年度 2級建築士 設計製図試験

金沢校当年度受講生合格率

76.3%

全国合格率46.3%に対して

教室登録受験者38名中／合格者29名（2019年12月5日現在）

※当学院の No.1に関する表示は、公正取引委員会「No.1表示に関する実態調査報告書」に沿って掲載しております。 ※当学院の合格実績には、模擬試験のみの受験生、教材購入者、無料の役務提供者、過去受講生は一切含まれておりません。 ※全国／都道府県合格者数・全国ストレート合格者数は、（公財）建築技術教育普及センター発表に基づきます。 ※学科・製図ストレート合格者とは、2019年度の1級建築士学科試験に合格し、2019年度の1級建築士設計製図試験にストレートで合格した方です。

2020年度 1級建築士 学科試験

学習方法の選択で合格に大きな影響が！

総合資格学院 基準達成 当年度受講生 合格率 **51.0%**

全国合格率20.7%に対して

その差 **3倍**

独学者、他スクール利用者合格率 **17.2%** （当学院調べ）

総合資格学院 基準達成 当年度受講生 3,973名中／合格者 2,028名

※上記当学院合格率は、出席率8割、宿題提出率8割を達成した総合資格学院当年度受講生の合格率です。（2020年9月8日現在）

2020年度 2級建築士 学科試験

当学院基準達成当年度受講生合格率

93.1%

全国合格率41.4%に対して

8割出席・8割宿題提出・総合模擬試験正答率6割
当年度受講生895名中／合格者833名（2020年8月25日現在）

総合資格学院

www.shikaku.co.jp　総合資格　検索　Twitter→「@shikaku_sogo」Facebook→「総合資格 fb」

全国90拠点以上

金沢校　TEL.076-237-6811
金沢工大前校　TEL.076-259-1610

開講講座 無料受講相談 随時受付中！

| 1級・2級 建築士 | 構造設計1級建築士 設備設計1級建築士 | 建築設備士 | 1級・2級 建築施工管理技士 | 1級・2級 土木施工管理技士 |
| 1級・2級 管工事施工管理技士 | 1級 造園施工管理技士 | 宅地建物取引士 | 賃貸不動産経営管理士 | インテリアコーディネーター |

〒920-8203 石川県金沢市鞍月5-181 AUBEビル 2F